खलील जिब्रान

की

लोकप्रिय कहानियाँ

प्रकाशित किया गया:

इनफिनिटी स्पेक्ट्रम बुक्स

ईमेल: infinityspectrumbooks@gmail.com

इनफिनिटी स्पेक्ट्रम बुक्स द्वारा पहली बार प्रकाशित २०२४

कॉपीराइट © इनफिनिटी स्पेक्ट्रम बुक्स २०२४

सभी अधिकार सुरक्षित

शीर्षक: **खलील जिब्रान की लोकप्रिय कहानियाँ**

पेपरबैक आईएसबीएन: 9789361907265

हार्डबैक आईएसबीएन: 9789361903960

अनुक्रमणिका

घुमक्कड़

वह व्यक्ति मुझे चौराहे पर मिला। उसके पास बस एक लबादा और एक डंडा था। उसके चेहरे पर दर्द का नकाब पड़ा था। हमने एक -दूसरे का अभिवादन किया। मैंने उससे कहा , " मेरे घर आओ और मेरे मेहमान बनो। "

वह मेरे घर आ गया।

मेरी पत्नी और मेरे बच्चे हमें दहलीज पर मिले। वह उन पर मुसकराया और उन्हें उसका आना अच्छा लगा।

फिर हम सब खाने पर बैठ गए। हमें उस व्यक्ति की संगत में खुशी महसूस हुई, क्योंकि उसमें एक खामोशी और रहस्यमयता थी।

भोजन के बाद हम आग के पास जमा हुए। मैंने उससे उसकी घुमक्कड़ी के बारे में पूछा।

उसने हमें उस रात और अगले दिन भी कई किस्से सुनाए। लेकिन अब जो मैं बताने जा रहा हूँ, वह उसके दिनों की कटुता से उपजा है। हालाँकि वह खुद सहृदय था और ये किस्से उसके रास्ते की धूल और धैर्य के हैं।

तीन दिन बाद जब उसने हमसे विदा ली तो हमें ऐसा हीं लगा कि कोई मेहमान विदा हुआ है, बल्कि हमें तो यह लगा कि हममें से कोई अब भी बाहर बाग में है और अभी अंदर नहीं आया है।

वस्त्र

एक दिन की बात है, खूबसूरती और बदसूरती एक समुद्र के तट पर मिलीं। उन्होंने एक दूसरे से कहा, " आओ, समुद्र में नहाते हैं। "

फिर उन्होंने अपने - अपने कपड़े उतारे और पानी में तैरने लगीं। कुछ देर बाद बदसूरती वापस तट पर आई। उसने खूबसूरती के वस्त्र पहने और चलती बनी। खूबसूरती भी समुद्र से बाहर आई , पर उसे अपने वस्त्र नहीं मिले। उसे अपनी नग्नता पर लज्जा आई और उसने बदसूरती के कपड़े पहन लिये और अपने रास्ते चली गई।

आज तक आदमी और औरतें दोनों को पहचानने में भूल कर जाते हैं।

फिर भी कुछ लोग हैं , जिन्होंने खूबसूरती के चेहरे को देखा है और वे उसे उसके वस्त्रों के बावजूद पहचान जाते हैं । कुछ लोग हैं , जो बदसूरती के चेहरे को पहचानते हैं और उसके वस्त्र उनकी आँखों को धोखा नहीं दे सकते।

बाज और लवा

बाज और लवा पक्षी एक ऊँची पहाड़ी की एक चट्टान पर मिले।

लवा पक्षी ने कहा, "नमस्ते जी।"

बाज ने उसे तिरस्कार से देखा और धीमे से कहा, "नमस्ते।"

लवा पक्षी ने कहा, "उम्मीद है, आपकी तरफ सब ठीक - ठाक है, जी।"

बाज ने कहा, "हाँ, हमारी तरफ सब ठीक है। लेकिन तुम्हें पता नहीं कि हम परिंदों के राजा हैं और जब तक हम खुद न बोलें, तुम्हें हमसे नहीं बोलना चाहिए।"

लवा पक्षी ने कहा, "मेरा सोचना है कि हम एक ही परिवार के हैं।"

बाज ने उस पर तिरस्कार की दृष्टि डाली और कहा, "किसने कह दिया कि तुम और मैं एक ही परिवार के हैं?"

तब लवा पक्षी ने कहा, "लेकिन मैं आपको यह याद दिला दूँ कि मैं आपके बराबर ऊँचा उड़ सकता हूँ; मैं गा सकता हूँ और इस धरती के दूसरे प्राणियों को आनंद दे सकता हूँ। आप न तो सुख देते हैं, न आनंद।" तब बाज क्रोधित हो गया और उसने कहा, "सुख और आनंद! तुम पिद्दी से धृष्ट प्राणी!

अपनी चोंच के एक ही वार से मैं तुम्हें खत्म कर सकता हूँ। तुम तो मेरे पाँव के बराबर हो।"

तब लवा उड़कर बाज की पीठ पर जा बैठा और उसके परों को नोचने लगा। बाज नाराज हो गया। उसने इतनी तेज और इतनी ऊँची उड़ान भरी, ताकि उस नन्हे पक्षी से मुक्ति मिल जाए। किंतु वह सफल नहीं हुआ। हारकर वह उस ऊँची पहाड़ी की उसी चट्टान पर आकर उतर गया। वह पहले से अधिक झुंझलाया हुआ था। वह नन्हा पक्षी अब भी उसकी पीठ पर था।

एक छोटा कछुआ उस तरफ निकल आया और यह दृश्य देखकर हँस पड़ा। उन्हें देखकर वह लोट - पोट हो गया।

बाज ने तिरस्कार से कछुए को देखकर कहा, "सुस्त रेंगनेवाले जीव, धरती का साथ न छोड़नेवाले तुम किस बात पर हँस रहे हो?"

कछुए ने कहा, " अरे, मैं देख रहा हूँ कि तुम घोड़ा बने हुए हो और एक छोटा पक्षी तुम पर सवार है; किंतु छोटा पक्षी तुमसे बेहतर है। "

बाज ने उससे कहा, "जाओ, जाकर अपना काम करो! यह हमारा, मेरे भाई लवा का और मेरा पारिवारिक मामला है। "

प्रेम गीत

एक बार एक कवि ने एक प्रेमगीत लिखा था। उसने इसकी कई प्रतियाँ की और उन्हें अपने पुरुष - स्त्री मित्रों व परिचितों को और उस युवती को भी भेज दिया, जिससे वह बस एक बार मिला था तथा जो पहाड़ों के उस पार रहती थी।

एक - दो दिन में उस युवती की ओर से एक हरकारा एक पत्र लेकर आया। पत्र में युवती ने लिखा था _ "मैं तुम्हें विश्वास दिलाती हूँ, तुमने जो गीत मुझे लिख भेजा है, उसने मुझे अंदर तक छू दिया है। अब आओ और आकर मेरे माता -पिता से मिलो। फिर हम सगाई की तैयारी करेंगे। "

कवि ने युवती के पत्र के उत्तर में उसे कहा, "मेरी दोस्त, यह तो बस एक कवि के हृदय से निकला एक प्रेमगीत था, जिसे वह हर पुरुष, हर स्त्री के लिए गाता है। "

युवती ने कवि को फिर से पत्र लिखकर कहा — " पाखंडी, शब्दों के झूठे! आज से मैं तुम्हारे कारण अपने कफन के दिन तक तमाम कवियों से घृणा करूँगी। "

आँसू और हँसी

नाल नदी के तट पर संध्या के समय एक लकड़बग्घा एक घड़ियाल से मिला। उन्होंने रुककर एक - दूसरे का अभिवादन किया।

लकड़बग्घे ने कहा, " आपके दिन कैसे चल रहे हैं जी ? "

घड़ियाल ने जवाब दिया , " मेरे दिन तो बुरे जा रहे हैं। कभी - कभी अपने दु: ख - दर्द में मैं रोता हूँ। लेकिन तब प्राणी हमेशा यह कहते हैं कि ये तो बस घड़ियाली आँसू हैं। इससे मैं बेहद आहत हूँ। "

तब लकड़बग्घे ने कहा, " आप अपने दु: ख - दर्द की बात करते हैं , लेकिन एक पल मेरे बारे में भी तो सोचें! मैं संसार के सौंदर्य, उसके आश्चर्यों और उसके चमत्कारों को देखता हूँ और मारे खुशी के हँस देता हूँ, जैसे दिन हँसता है; लेकिन जंगल के लोग कहते हैं , यह तो बस एक लकड़बग्घे की हँसी है। "

मेले में

मेले में देहात से एक लड़की आई। बहुत प्यारी ! उसके चेहरे पर कुमुदिनी थी और गुलाब था। उसके केशों में गोधूलि थी और उसके अधरों पर भोर की मुसकान थी । यह प्यारी अपरिचिता युवकों को दिखाई क्या दी , उन्होंने उसे खोज निकाला और उसे घेर लिया । कोई उसके साथ नाचता तो कोई उसके सम्मान में केक काटता। सभी उसके गाल को चूमना चाहते थे; क्योंकि आखिरकार यह मेला नहीं तो और क्या था ! किंतु वह लड़की इससे स्तब्ध और चकित रह गई। उसे वे युवक बुरे लगे। उसने उन्हें डाँट दिया और उनमें से एक - दो को तो उसने थप्पड़ भी जड़ दिया । फिर वह वहाँ से भाग गई ।

उस संध्या अपने घर जाते हुए रास्ते में वह मन- ही - मन कह रही थी , मुझे तो चिढ़ हो रही है । कितने अशिष्ट और असभ्य हैं ये पुरुष ! यह तो बिलकुल बरदाश्त के बाहर है ।

एक बरस बीत गया और इस बीच उस प्यारी लड़की ने मेलों व पुरुषों के विषय में खूब सोचा। फिर वह अपने चेहरे पर कुमुदिनी और गुलाब लिये अपने केशों में गोधूलि व अधरों पर भोर की मुसकान लिये मेले में दोबारा आई किंतु इस बार युवकों ने उसे देखकर मुँह मोड़ लिया और सारा दिन उसे किसी ने नहीं पूछा ।

वह मेले में अकेली रही। संध्या के समय जब वह अपने घर की तरफ चली तो मन - ही - मन विलाप कर रही थी , "मुझे तो चिढ़ हो रही है। कितने अशिष्ट और असभ्य हैं ये जवान ! यह तो बिलकुल बरदाश्त के बाहर है । "

दो राजकुमारियाँ

शवाकीस शहर में एक राजकुमार रहता था और उसे पुरुष, स्त्रियाँ और बच्चे सभी प्यार करते थे। यहाँ तक कि पशु भी उसके अभिवादन के लिए आते थे। किंतु सभी लोग यह कहते थे कि उसकी पत्नी , राजकुमारी, उसे प्यार नहीं करती। यही नहीं, वह तो उससे घृणा तक करती थी ।

और एक दिन क्या हुआ , एक पड़ोसी शहर की राजकुमारी शवाकीस की राजकुमारी से मिलने आई। उन्होंने आपस में मिल- बैठकर बातें कीं । उनकी बातचीत उनके पतियों पर आ गई।

शवाकीस की राजकुमारी ने भावावेश में कहा, "मुझे तुम्हारे पति राजकुमार के साथ तुम्हें खुश देखकर ईर्ष्या होती है। हालाँकि शादी को कितने साल हो गए हैं , मुझे मेरे पति से घृणा होती है। वह अकेले मेरे नहीं हैं। मैं सचमुच बहुत दुःखी औरत हूँ "

तब उससे मिलने आई राजकुमारी ने उसे देखते हुए कहा, "मेरी दोस्त , सच तो यह है कि तुम अपने पति से प्यार करती हो । हाँ , उसके लिए तुम्हारा जज्बा अभी मरा नहीं है। यह औरत की वैसी ही जिंदगी है जैसे बाग में बसंत की ; लेकिन तुम्हें तरस तो मुझ पर और मेरे पति पर खाना चाहिए , क्योंकि हम एक - दूसरे को खामोशी से बरदाश्त किए जाते हैं , लेकिन फिर भी तुम और दूसरे लोग उसे खुशी समझते हैं ! "

बिजली की कौंध

तूफ़ानी दिन एक ईसाई बिशप (धर्मगुरु) अपने गिरजाघर में था । एक गैर - ईसाई औरत आकर उसके पास खड़ी हो गई। उस औरत ने कहा, "मैं ईसाई नहीं हूँ, क्या मेरे लिए नरक की आग से छुटकारा है ?"

बिशप ने औरत को देखा और उसे यह कहकर जवाब दिया , "नहीं, छुटकारा सिर्फ उनके लिए है, जिन्होंने पानी और आत्मा से बपतिस्मा लिया है। "

अभी वह बोल ही रहा था कि गिरजाघर पर आसमान से गरज के साथ बिजली गिरी और उसमें आग लग गई। शहर के लोग वहाँ दौड़कर आए और उन्होंने उस औरत को बचा लिया ; किंतु बिशप को आग ने अपना ग्रास बना लिया और वह भस्म हो गया।

साधु और पशु

हरी पहाड़ियों के बीच एक साधु रहता था। वह आत्मा से शुद्ध और हृदय से उज्ज्वल था।

भूमि के सभी पशु और आकाश के सभी पक्षी जोड़ों में उसके पास आते और वह उनसे बात करता था। वे प्रसन्न होकर उसकी बातें सुनते और उसके निकट एकत्र हो जाते थे। रात होने पर तभी जाते थे, जब वह आशीर्वाद देकर वायु और वन के हवाले करते हुए उन्हें वहाँ से भेज देता था।

एक संध्या जब वह प्रेम के विषय में बोल रहा था तो एक लकड़बग्घे ने सिर उठाकर उस साधु से कहा, " आप हमसे प्रेम करने को कहते हैं , यह बताएँ कि आपकी साथिन कहाँ है ? "

साधु ने कहा, "मेरी कोई साथिन नहीं है। "

तब पशुओं और पक्षियों की जमात से आश्चर्य का एक बड़ा शोर उठा और सभी सोचने लगे कि सहवास करने के बारे में कैसे बता सकता है, जबकि उसे खुद इस बाबत कुछ भी पता नहीं है। वे चुपचाप और तिरस्कार के साथ उस साधु को अकेला छोड़कर चले गए।

उस रात वह साधु अपनी चटाई पर औंधेमुँह सोया। वह फूट - फूटकर रोया और अपनी छाती पीटता रहा।

पैगंबर और बच्चा

एक दिन की बात है, पैगंबर शरिया को बाग में एक बच्चा मिला। बच्चा दौड़कर उनके पास आया और बोला, " सलाम , जनाब। "

पैगंबर ने कहा, " आप भी तो अकेले हैं। आपने अपनी दाई के साथ क्या किया ? "

पैगंबर ने जवाब में कहा , " ओह, वह अलग बात है ! सच तो यह है कि मैं उससे बहत नहीं छिप सकता। लेकिन जब मैं इस बाग में आया तो वह झाड़ियों के पीछे मुझे खोज रही थी। "

बच्चा ताली बजाते हुए चिल्लाया , " आप भी मेरी तरह हैं ! छिपने में अच्छा लगता है न " फिर वह बोला , " आप हैं कौन ? "

उस व्यक्ति ने जवाब दिया , "लोग मुझे पैगंबर शरिया कहते हैं। और आप बताएँ, आप कौन "मैं बस मैं हूँ।" बच्चे ने कहा, " और मेरी दाई मुझे खोज रही है और वह नहीं जानती कि मैं कहाँ हूँ। "

फिर पैगंबर ने आसमान में ताकते हुए कहा, "मैं भी अपनी दाई से थोड़ी देर के लिए छिप गया हूँ, लेकिन वह मुझे ढूँढ़ निकालेगी। "।

बच्चे ने कहा, "मैं जानता हूँ, मेरी दाई भी मुझे ढूँढ़ लेगी। "

तभी उस बच्चे का नाम पुकारती एक औरत की आवाज सुनाई दी।

"देखा ", बच्चे ने कहा, "मैंने आपसे कहा था न कि वह मुझेढूँढ़ रही होगी। "

उसी समय एक और आवाज सुनाई दी , "कहाँ हो तुम, शरिया ? "

पैगंबर ने कहा, " देखा मेरे बच्चे, उन्होंने भी मुझे ढूँढ़ लिया। "

अपना मुँह उठाकर शरिया ने जवाब दिया, " यहाँ हूँ मैं। "

मोती

एक सीप ने अपने पड़ोसी सीप से कहा , " मेरे अंदर बहुत दर्द है। यह भारी व गोल है और मैं परेशानी में हूँ। "

दूसरे सीप ने दंभ और इत्मीनान से कहा, "ईश्वर और सागर की कृपा है। मेरे अंदर कोई दर्द नहीं है। मैं अंदर और बाहर दोनों ही तरफ से अच्छा, भला - चंगा। " उसने कहा, " हाँ , तुम अच्छे- भले और चंगे हो , लेकिन तुम्हारा पड़ोसी जो दर्द झेल रहा है, वह बेहद खूबसूरत एक मोती है। "

शरीर और आत्मा

एक पुरुष और एक - एक स्त्री एक खिड़की के आगे बैठे थे, जो वसंत की ओर खुलती थी । वे एक - दूसरे से सटकर बैठे थे। उस स्त्री ने कहा, "मैं तुमसे प्यार करती हूँ। तुम सुंदर हो और धनवान हो और हमेशा बन -ठनकर रहते हो । "

उस पुरुष ने कहा, "मैं तुम्हें प्यार करता हूँ। तुम एक खूबसूरत खयाल हो , तुम इतनी अलग चीज हो कि तुम्हें हाथ में पकड़ा ही नहीं जा सकता । तुम मेरे सपनों का गीत हो । "

लेकिन तभी वह औरत गुस्से में उसके पास से हट गई और उससे बोली, " देखिए, मेहरबानी करके अब मुझे छोड़ दीजिए। मैं कोई खयाल नहीं हूँ। और मैं ऐसी कोई चीज भी नहीं हूँ , जो तुम्हारे सपनों में आती हूँ। मैं तो एक औरत हूँ। मैं चाहूँगी कि तुम एक पत्नी और एक अजन्मे बच्चे की माँ के रूप में मेरी कामना करो। "

वे अलग हो गए ।

वह पुरुष अपने मन में कह रहा था , देखो, एक और सपना अब धुंध बन गया !

वह स्त्री कह रही थी , " अरे , ऐसे आदमी का क्या , जो मुझे धुंध और सपना बना दे! " सादिक राज्य के लोगों ने अपने राजा से विद्रोह कर दिया और नारे लगाते हुए उसके महल को घेर लिया । राजा एक हाथ में अपना मुकुट और दूसरे हाथ में अपना राजदंड लिये सीढ़ियों से नीचे आया। उसकी शान के आगे सारे लोग चुप पड़ गए । वह उनके सामने खड़ा हो गया और बोला, " मेरे दोस्तो , जो अब मेरी प्रजा नहीं हो , मैं एक आदमी हूँ और अब एक आदमी के नाते मैं आप लोगों के साथ काम करूँगा, जिससे कि हमारी हालत और बेहतर हो सके। राजा की कोई दरकार नहीं है। इसलिए आइए , हम खेतों में और अंगूर के बागों में चलें और हाथ में हाथ डाल वहाँ मेहनत करें। आप तो मुझे बस यही बताएँ कि मैं किस खेत या अंगूर के किस बाग में जाऊँ ! अब आप सब राजा हैं। "

लोग आश्चर्य में पड़ गए और उन पर खामोशी छा गई ; क्योंकि जिस राजा को वे अपने असंतोष का कारण मानते थे, उसी ने अब अपना मुकुट और राजदंड उन्हें सौंप दिया था और उन्हीं में से एक हो गया था।

लेकिन सादिक राज्य की हालत में राजा के बगैर कोई बेहतरी नहीं हुई और असंतोष की धुंध राज्य पर फिर भी बनी रही। लोग बाजारों में चिल्ला-चिल्लाकर कहने लगे कि उन पर शासन करने के लिए एक राजा है। तो और सयानों और जवानों ने मानो एक स्वर में कहा, "हम अपने राजा को लाएंगे।"

उन्होंने अपने राजा की खोज की और वह उन्हें खेत में पसीना बहाते मिला। वे उसे उसकी गद्दी पर ले गए और उसे उसका मुकुट और उसका राजदंड दे दिया। उन्होंने कहा कि "अब आप ताकत और इनसाफ के साथ हम पर शासन करें।"

उसने कहा, "मैं बिलकुल ताकत के साथ आप पर शासन करूँगा। स्वर्ग और धरती के देव मेरी मदद करें कि मैं आप पर इनसाफ के साथ भी शासन कर सकूँ।"

फिर उसके आगे अनेक पुरुष और स्त्रियों ने आकर एक रईस के बारे में शिकायत की, जो उनसे दुर्व्यवहार करता था और जिसके लिए वे बस गुलाम भर थे।

राजा ने तुरंत उस रईस को अपने सामने बुलवाया और उससे कहा, "ईश्वर के तराजू में एक आदमी की जान का वजन भी उतना ही होता है जितना दूसरे आदमी की जान का क्योंकि तुम यह नहीं समझते कि जो लोग तुम्हारे खेतों में और अंगूर के बागों में काम करते हैं, उनकी जान का मूल्य कैसे आँका जाए, इसलिए तुम्हें निकाला जाता है। तुम इस राज्य को हमेशा के लिए छोड़ दो।"

अगले दिन कुछ और लोग राजा के पास आए और उन्होंने पहाड़ियों के पार रहनेवाली एक महिला सामंत की निर्दयता के बारे में शिकायत की कि कैसे उसने उन्हें दुखी करके रखा था। महिला सामंत को तुरंत दरबार में बुलाया गया और राजा ने उसे भी यह कहते हुए देश-निकाला दे दिया कि "जो लोग हमारे खेतों को जोतते और हमारे अंगूर के बागों की देखभाल करते हैं, वे हमसे अधिक श्रेष्ठ हैं, जो उनकी तैयार की हुई रोटी खाते और शराब पीते हैं। और क्योंकि तुम इस बात को नहीं समझतीं, इसलिए तुम यह देश छोड़ दो और इस राज्य से दूर चली जाओ।"

फिर और स्त्री-पुरुष आए, जिन्होंने यह शिकायत की कि धर्मात्मा उनसे पत्थर मँगवाता है और उन्हें मंदिर के लिए तुड़वाता है और फिर भी उन्हें एक धेला तक नहीं देता; जबकि उन्हें पता है कि धर्माध्यक्ष के खजाने में सोना-चाँदी भरा पड़ा है, जबकि वे खुद भूख से खाली हैं।

राजा ने धर्माध्यक्ष को बुलवाया। जब धर्माध्यक्ष आ गया तो राजा ने उससे कहा, "तुम जो अपने सीने पर वह सलीब पहनते हो, उसका मतलब तुमने जान में से

जान निकाल लेने का काम किया है और जिंदगी किसी को नहीं दी। इसलिए तुम्हें हमेशा के लिए यह राज्य छोड़ना होगा।"

इस तरह पूरे महीने स्त्री-पुरुष रोज राजा के पास आते रहे और उसे अपने ऊपर लादे गए बोझों के बारे में बताते रहे और महीने के हर दिन किसी-न-किसी आततायी को देश निकाला दिया जाता रहा। सादिक के लोग चकित थे और उनके मन में प्रसन्नता थी।

एक दिन की बात है, सयानों और जवानों ने राजा के गढ़ को घेर लिया और उसे अपने सामने बुलवाया। और वह एक हाथ में अपना मुकुट और दूसरे हाथ में अपना राजदंड लिये नीचे आया।

राजा से उन लोगों ने कहा, "अब आप हमारे साधिकार राजा हैं। आपने इस राज्य की धरती से साँपों का सफाया किया है और भेड़ियों को खत्म किया है। हम तो आपके लिए धन्यवाद के गीत गाना चाहते हैं। यह मुकुट शान में आपका है और यह राजदंड बान में आपका है।"

तब राजा ने कहा, "नहीं-नहीं, मैं नहीं, आप स्वयं राजा हैं। जब आप मुझे कमजोर और खराब शासक मानते थे, तब आप स्वयं कमजोर और खराब शासन करने वाले थे। और अब देश अच्छी स्थिति में है, क्योंकि यह आपकी इच्छा के अनुरूप है। मैं तो बस आप सबके मन में बसनेवाला एक विचार हूँ और मैं बस आपके कर्मों में रहता हूँ। शासक जैसा कोई व्यक्ति नहीं होता। अपने आप पर शासन करने को बस शासित ही वजूद में हैं।"

राजा अपना मुकुट और अपना राजदंड लेकर फिर अपने गढ़ में चला गया। सयाने और जवान अपने-अपने रास्ते चले गए। वे सभी संतुष्ट थे।

उनमें से प्रत्येक अपने आपको राजा समझने लगा, जिसके एक हाथ में मुकुट था और दूसरे में राजदंड।

रेत पर

एक आदमी ने दूसरे आदमी से कहा, " समुद्र में ज्वार के समय, बहुत पहले , अपनी छड़ी की नोक से मैंने रेत पर एक पंक्ति लिखी। लोग अब भी उसे पढ़ने को रुकते हैं। वे यह सावधानी बरतते हैं कि यह कैसे भी मिटे नहीं। "

दूसरे आदमी ने कहा, " और मैंने भी रेत पर एक पंक्ति लिखी, लेकिन तब भाटा था और विशाल सागर की लहरें उसे बहाकर ले गईं। लेकिन यह तो बताइए, तुमने लिखा क्या ? "

पहले आदमी ने जवाब में कहा, "मैंने लिखा, मैं जो हूँ, वह हूँ। लेकिन तुमने क्या लिखा था? "

दूसरे आदमी ने कहा, "मैंने लिखा था — मैं तो बस इस विशाल सागर की बूंद भर हूँ। "

तीन उपहार

एक बार एक शहर में एक दयालु राजकुमार रहता था। सारी प्रजा उससे प्रेम करती थी और उसका सम्मान करती थी।

लेकिन एक बेहद गरीब आदमी था, जो राजकुमार के प्रति कटुता का भाव रखता था और उसकी जबान राजकुमार की निंदा में हमेशा चलती रहती थी।

राजकुमार को इस बारे में पता था, फिर भी वह धीरज रखता था।

लेकिन आखिरकार उसने उस आदमी के बारे में सोचा। एक जाड़े की रात उस आदमी के दरवाजे पर राजकुमार का एक सेवक एक बोरी आटा, एक थैला भर साबुन और शक्कर लेकर आया।

सेवक ने कहा, "राजकुमार ने आपको याद दिला दिया है और ये उपहार राजकुमार की तरफ से उसके प्रति सम्मान का प्रदर्शन है।"

वह घमंड में भरकर धर्माध्यक्ष के पास गया और उससे राजकुमार के कृत्य के बारे में बताकर कहा, "आपको नहीं दिखाई देता कि राजकुमार को मेरे सद्भाव की कितनी चाहत है!"

लेकिन धर्माध्यक्ष ने कहा, "आह, राजकुमार कितना बुद्धिमान है और तुम कितने नासमझ!

वह इशारों में बात करता है। आटा तुम्हारे खाली पेट के लिए है, साबुन तुम्हारी गंदी खाल के लिए है और शक्कर तुम्हारी कड़वी जुबान को मीठा करने के लिए है।"

उस दिन से उस आदमी को अपने आप से भी शर्म आने लगी। राजकुमार के प्रति उसकी घृणा और भी बढ़ गई और उस धर्माध्यक्ष से भी, जिसने उस राजकुमार के बारे में वह सब प्रकट किया था। लेकिन उसके बाद उसने चुप्पी साध ली।

मार्था

अभी वह दूध पीती बच्ची ही थी कि उसके पिता की मृत्यु हो गई। वह दस साल की भी नहीं हुई थी कि उसकी माँ चल बसी। वह अपने एक गरीब पड़ोसी के घर में अनाथ रह गई थी, जो लेबनान की खूबसूरत वादियों के बीच एक छोटे से एकांत गाँव में अपनी पत्नी और बच्चों के साथ रहता और वहाँ की मिट्टी में होनेवाले फलों पर गुजारा करता था।

पिता मरे तो उसके लिए अपने नाम और नट व पॉप्लर के पेड़ों के बीच खड़ी एक दरिद्र झोंपड़ी के अलावा और कुछ नहीं छोड़ गए। अपनी माँ से उसे विरासत में केवल दु:ख के आँसू और अपना अनाथपन ही मिला। वह अपनी जन्मभूमि में एक अजनबी बनकर रही एक-दूसरे में उलझे पेड़ों और ऊँची-ऊँची चट्टानों के बीच अकेली ! हर सुबह वह फटे-चिथड़े कपड़ों में नंगे पाँव एक दुधारू गाय के पीछे वादी के उस हिस्से में जाती जहाँ घास काफी थी। वहाँ वह किसी पेड़ की छाया में बैठ जाती। वह चिड़ियों के साथ गाती और झरने के साथ रोती और साथ ही गाय से ईर्ष्या करती थी कि उसके पास खाने को इतना कुछ था।

वह फूलों को देखती और क्षितिज को निहारती। उसे जोर की भूख लग आती, तब वह झोंपड़ी में लौट आती और अपने अभिभावक की बेटी के पास बैठ जाती और बहुत चाव के साथ मक्का की रोटी व थोड़ा सा सुखाया हुआ फल और सिरके व जैतून के तेल में डुबोए हुए सेम का भोजन करती थी। खाने के बाद वह जमीन पर थोड़ा पुआल बिछाती और अपनी बाँहों पर सिर रखकर लेट जाती। वह रोती और आहें भरती थी। वह सोचती, काश! जिंदगी एक लंबी व गहरी नींद होती, जिसमें सपने न होते, जागना न होता। सुबह होने को होती तो उसका अभिभावक उसे झिंझोड़कर उठा देता कि वह अपनी जरूरतों को देखे। वह उसकी कठोरता और क्रोध से डरी व काँपती हुई नींद से जाग जाती। इस तरह बदनसीब मार्था के साल उन दूर-दराज की पहाड़ियों और वादियों में बीतते रहे।

जल्दी ही उसे अपने दिल में ऐसी-ऐसी भावनाओं की हलचल महसूस होने लगी, जिनसे वह अब तक अनजान थी। यह वैसे ही था जैसे फूल के अंदर खुशबू का पता चल जाना। सपने और अजीब-अजीब खयाल उस पर इस तरह टूट पड़ते और किसी नदी की धारा में चलकर आता रेवड़। वह अब एक औरत बन गई थी और

अपनी तुलना बस यूँ ही उस ताजा अछूती मिट्टी से करती, जिसमें अभी ज्ञान के बीज नहीं बोए गए थे और जिस पर अभी अनुभव के निशान नहीं पड़े थे। वह एक गहन-गंभीर और आत्मा से पवित्र लड़की थी, जिसे नियति के निर्देश ने उस खेत में निर्वासित कर दिया था, जहाँ जिंदगी साल में आते-जाते मौसमों के बीच एक बँधे-बँधाए ढर्रे पर बीतती थी। मानो वह धरती और सूरज के बीच रह रहे किसी अनजान देवता की छाया थी।

हममें से जिन लोगों ने अपनी जिंदगी का बड़ा हिस्सा भीड़-भाड़वाले शहर में बिताया है, वे लेबनान के दूर-दराज के गाँवों और टोलों के बाशिंदों की जिंदगी के बारे में नहीं जानते।

हम तो आधुनिक सभ्यता की धारा में बहे जा रहे हैं। निर्मलता और आत्मिक शुद्धतावाली उस खूबसूरत और सादगी भरी जिंदगी के फलसफे को हम भूल चुके हैं, या कम-से-कम अपने आपसे तो हम यही कहते हैं। अगर हम मुड़कर देखें तो हमें यह वसंत में मुसकराती, ग्रीष्म के सूरज के साथ भीगती, शिशिर में फसल काटती और शांति में विश्राम करती दिखाई दे जाएगी अपने अलग-अलग रंगों में हमारी माँ प्रकृति की तरह। भौतिक संपन्नता के मामले में हम उन ग्रामीणों से आगे हैं, लेकिन उनकी आत्मा हमारी आत्मा से श्रेष्ठतर है। हम बोते तो बहुत हैं, लेकिन काटते कुछ नहीं हैं। लेकिन वे जो बोते हैं, वे अपने संतोष की संतान! हम जिंदगी के प्याले से कटुता, निराशा, भय, क्लांति का गैंदला तरल पीते हैं। वे पीते हैं स्वच्छ तरल!

मार्था सोलह साल की हो गई। उसकी आत्मा एक चमचमाता दर्पण थी, जिसमें खेतों की तमाम सुंदरता झलकती थी। उसका हृदय चौड़ी वादियों की तरह था, जिनमें आवाजें गुंजकर लौटती थीं।

शिशिर के एक दिन जब प्रकृति उदासी में डूबी दिखाई देती थी, वह किसी कवि की कल्पना में मुक्त विचारों की तरह अपनी जमीनी कारा से मुक्त एक झरने के किनारे बैठी थी और पेड़ों से गिरती पीली पत्तियों का फड़फड़ाना देख रही थी। वह उनके साथ हवा को खेलता देख रही थी, जैसे मौत मनुष्यों की आत्माओं के साथ खेलती है। उसने फलों को गौर से देखा। उसने देखा कि वे मुरझा गए थे और उनके दिल सूख गए थे और टूटकर छोटे-छोटे टुकड़ों में बिखर गए थे। वे जमीन में अपने बीज जमा कर रहे थे, जैसे युद्ध और गड़बड़ी के समय औरतें अपने छोटे-मोटे गहनों और जेवरों को जमा कर लेती थीं।

जब वह इस तरह बैठी फूलों व पेड़ों को देख रही थी और गरमियाँ बीतने पर उन्हें होनेवाली पीड़ा को उनके साथ साझा कर रही थी, तभी उसने वादी के टूटते पत्थरों पर टापों की आवाजें सुनीं। उसने मुड़कर देखा तो एक घुड़सवार धीरे-धीरे उसकी तरफ बढ़ा आ रहा था। उसके हाव-भाव और कपड़ों से उसका आत्मविश्वास और उसकी अमीरी झलकती थी। वह घोड़े से उतर गया और उसने बहुत भद्रता से इस प्रकार उसका अभिवादन किया, जैसे कभी किसी पुरुष ने नहीं किया।

"मैं नदी किनारे की तरफ जानेवाले रास्ते से भटक गया हूँ। क्या तुम मुझे रास्ता बता दोगी?" उसने पूछा। शाखा-सी सीधी और जवाब में बोली, "मुझे नहीं पूछती हूँ: क्योंकि उन्हें मालूम है।" यह सब कहते हुए वह थोड़ी डर भी रही थी। उसकी लज्जा और उसका संकोच उसकी कोमलता और खूबसूरती को बढ़ा रहे थे। वह जाने ही वाली थी कि उस आदमी ने रोक लिया।

उसकी जवानी की लाल सुरा उसकी शिराओं में शिद्दत से दौड़ रही थी। उसने कहा, "नहीं, मत जाओ।" और वह हैरान खड़ी-की-खड़ी रह गई; क्योंकि उसे उसकी आवाज में ऐसा जोर महसूस हुआ कि वह आगे बढ़ ही नहीं पाई। उसने उस पर एक उचटती दृष्टि डाली।

वह ध्यान से उसे देख रहा था। वह जिस तरह से उसे देख रहा था, उसका मतलब वह समझ नहीं पाई। फिर वह उसे देखकर इतने मोहक अंदाज में मुसकराया कि उसका मन उसकी मादकता पर ही रोने को हो आए। उसने बड़े प्यार से लड़की के नंगे पाँवों पर, उसकी सुदा कलाइयों पर, उसकी चिकनी गरदन पर, उसके मुलायम घने बालों पर अपनी आँखें जमा दीं। उसने अपने अंदर उमड़ती वासना के साथ उसकी चमकती त्वचा को देखा, जो उसे सूरज की देन थी, उसकी बाँहों को देखा, जिन्हें प्रकृति ने मजबूत बनाया था।

लेकिन वह खामोश और शरमाई हुई ही खड़ी रही। वह वहाँ से जाना नहीं चाहती थी और पता नहीं क्यों, उसमें बोलने की ताकत भी नहीं थी।

दुधारू गाय उस शाम अपनी मालकिन के बगैर ही बाड़े में लौटी, क्योंकि मार्था वापस नहीं गई। जब उसका वली खेतों से घर आया तो उसने उसे तमाम गड्ढों में ढूँढ़ मारा, लेकिन वह उसे नहीं मिली। उसने उसका नाम लेकर भी पुकारा, लेकिन उसे गुफाओं से लौटती गूंजों और पेड़ों में सरसराती हवा की आवाज के सिवाय कोई जवाब नहीं मिला। वह दु:ख मनाता अपनी झोंपड़ी में लौट आया और उसने अपनी पत्नी को इस बारे में बताया। वह उस सारी रात चुपचाप सपने में उसे

एक जंगली जानवर के पंजों में देखता है कि वह उसके जिस्म को फाड़कर टुकड़े-टुकड़ेकिए दे रहा था , जबकि वह मुसकराती और रोती जा रही थी।

उस खूबसूरत छोटे से गाँव में मार्था की जिंदगी के बारे में मुझे यही जानने को मिला। यह जानकारी मुझे एक बूढ़े गाँववाले से मिली , जो उस जगह से गायब हुई तो ऐसे कि अपने पीछे और कुछ नहीं , बस अपने अभिभावक की पत्नी की आँखों में थोड़े आँसू और एक दर्दनाक याद छोड़ गई , जो भोर के समीर पर सवार होकर वादी में तिरी और फिर खिड़की के शीशे पर किसी बच्चे की साँस की तरह ओझल हो गई।

II

उत्तरी लेबनान में अपनी कॉलेज की छुट्टियाँ बिताकर मैं वर्ष 1900 के पतझड़ में बेरूत लौटा। आगे की पढ़ाई शुरू करने से पहले एक हफ्ता मैंने अपने कुछ सहपाठियों के साथ शहर घूमने में बिताया, जहाँ उनके साथ मैं आजादी की छुट्टियों का मजा लेता रहा, जिसके लिए यौवन तरसता है और जो उसे घर में और क्लास की चारदीवारी के भीतर नहीं मिलता। यह तो एक चिड़िया की तरह है, जो अपना पिंजरा खुला पाकर इधर-उधर उड़ती है। उसका सीना गीत और कैद से छूटने की खुशी में फूला रहता है।

यौवन एक खूबसूरत सपना होता है, लेकिन इसकी सरसता पुस्तकों की नीरसता की गुलाम होती है और इसका जागना कठोर होता है।

क्या कभी वह दिन भी आएगा, जब ज्ञानी लोग यौवन के सपनों और पढ़ाई के आनंदों को उस तरह एक कर पाएँगे, जैसे फटकार मिलने से झगड़ा करनेवाले दिल एक हो जाते हैं ?

क्या कभी वह दिन आएगा, जब मनुष्य की शिक्षक प्रकृति होगी और मानवता उसकी किताब और जिंदगी उसकी पाठशाला होगी ? क्या वह दिन आएगा ?

हम नहीं जानते, लेकिन हम उस तात्कालिकता को तो महसूस करते ही हैं, जो हमें हमेशा एक आत्मिक प्रगति की ओर आगे और ऊँचे बढ़ाती रहती है। वह प्रगति एक समझ होती है, हमारी दयालुता के माध्यम से तमाम सृष्टि के सौंदर्य की और उस सौंदर्य के प्रति हमारे प्रेम के माध्यम से खुशी बाँटने की।

उस शाम जब मैं अपनी रिहाइश की ड्योढ़ी में बैठा आती-जाती भीड़ को देख रहा था और अपने-अपने सामान और खाने की बड़ाई करने में लगे फेरीवालों की आवाजों को सुन रहा था तो एक लड़का मेरे पास आया। वह कोई पाँच साल का रहा होगा और उसके शरीर पर फटे-चीथड़े थे और अपने कंधों पर वह एक ट्रे उठाए हुए था, जो फूलों के गुच्छों से भरी थी।

उसने मुझसे एक फल खरीदने का आग्रह किया। उसकी आवाज इतनी टूटी हुई और कमजोर थी मानो उसे लंबी यातना की धरोहर के तौर पर मिली हो।

मैंने उसके छोटे से पीले चेहरे में झाँका और उसकी आँखों को गौर से देखा , जो क्लांति और दरिद्रता की छायाओं से काली पड़ गई थी। उसका मुँह एक चोटिल सीने में घाव की तरह थोड़ा सा खुला था। उसकी मुरझाई नंगी बाँहें और उसका ठिगना छोटा शरीर फूलों की ट्रे पर झुका था , जैसे ताजा हरे पौधों के बीच पीला पड़ गया और मुरझाया हुआ गुलाब का पौधा हो। मैं इन सारी चीजों को एकबारगी देख गया और उस पर तरस खाकर मुसकरा दिया। मेरी मुसकराहट में आँसुओं जैसा कुछ था। वे मुसकानें , जो हमारे दिलों की गहराइयों से फूटती हैं और हमारे अधरों तक आती हैं। अगर हम उन पर ध्यान न दें तो वे हमारी आँखों के रास्ते बाहर आ जाती हैं।

मैंने उसके कुछ फूल खरीद लिये, लेकिन सच में तो मैं उसकी आवाज खरीदना चाहता था , क्योंकि मुझे लगता था कि उसकी उदास शक्ल - सूरत के पीछे एक त्रासदी का नाटक परदों के पीछे था। यह गरीबों की त्रासदी थी , जो दिनों के मंच पर निरंतर अभिनीत होती है। यह वह नाटक था , जिसे इसलिए नहीं देखा जाता क्योंकि यह दु: खांत होता है। जब मैंने उससे रहमदिली से बात की तो वह मित्रवत हो गया मानो उसे कोई ऐसा मिल गया था जिसमें वह संरक्षण और सलामती की अपेक्षा कर सकता था। उसने मुझे हैरत से देखा, क्योंकि वह उसके जैसे लोग उन अन्य लड़कों से बस कठोर वचन सुनने के आदी होते हैं , जो सड़कछाप लड़कों को तुच्छ और व्यर्थ मानते हैं। उन्हें नसीब के तीरों से घायल नन्ही जान नहीं मानते हैं , फिर मैंने उससे उसका नाम पूछा। उसने जमीन की तरफ अपनी नजरें घुमाते हुए अपना नाम बताया।

“किसके बेटे हो और तुम्हारे घरवाले कहाँ हैं ? "

“मैं बान की रहनेवाली मार्था का बेटा हूँ। ”

“ और तुम्हारे पिता ? मैंने पूछा ”

उसने इस तरह अपना सिर हिला दिया जैसे उसे पता नहीं था कि पिता क्या होता है।

“ तो तुम्हारी माँ कहाँ है? ”

“ घर पर , बीमार है।”

लड़के के होंठों से निकले कुछ शब्दों ने मेरे कानों पर जबरदस्त असर किया और उनसे मेरी अंतरिम भावनाओं ने अजीब और दु: खद आकार व आकृतियाँ गढ़

डालीं; क्योंकि मैं तुरंत ही जान गया कि नसीब की मारी जिस मार्था का किस्सा मैंने उस गाँववाले से सुना था , वह अब बेरूत में बीमार पड़ी थी । वह लड़की जो कल पेड़ों और वादियों के बीच नुकसान से दूर थी , वह आज एक शहर में भूख और दर्द की कठोरता झेल रही थी । वह अनाथ लड़की , जिसने अपने बचपन के दिन प्रकृति के साथ खूबसूरत खेतों में अपनी गायों की देखभाल करते गुजारे थे , उसे भ्रष्ट सभ्यता का ज्वार बहाकर ले गया था और तंगहाली व बदनसीबी के चंगुल में एक शिकार बन गई थी ।

ये सब बातें मेरे मन में चल रही थीं तो वह लड़का लगातार मुझे ताके जा रहा था , मानो अपनी मासूम अंतरात्मा की आँखों से उसने मेरा टूटा दिल देख लिया था ।

वह वहाँ से जाने को हुआ तो मैंने उसका हाथ पकड़ लिया और कहा, "मुझे अपनी माँ के पास ले चलो । मैं उनसे मिलना चाहता हूँ। "

वह मेरे आगे खामोशी और हैरानी में मझे रास्ता दिखाने लगा । थोड़ी - थोड़ी देर में वह मुड़कर देख लेता था कि मैं सच में उसके पीछे आ रहा था या नहीं । भय और आशंका से ग्रस्त मैं उन गंदी गलियों में होकर आगे बढ़ता जा रहा था , जहाँ हवा में मौत की साँस घुली थी और उन टूटे - फूटे मकानों को पीछे छोड़ता गया , जिनमें बुरे लोग रात के परदों के पीछे अपने बुरे कामों को अंजाम देते थे। जहरीले साँपों की तरह मुड़ती - घूमती चक्करदार गलियों में होकर उस कमसिन व मासूम दिल और खामोश हिम्मतवाले लड़के के पीछे-पीछे चलता रहा। यह उन लोगों की हिम्मत थी , जो उस शहर के बीच क्षुद्र लोगों के छल - कपट से वाकिफ थे, जिसे पूरब के लोग सीरिया की दुल्हन और राजाओं के मुकुट का मोती के रूप में जानते थे। आखिर में हम बस्ती के बाह्यांचल में पहुँचे। वह लड़का एक मामूली से मकान में दाखिल हुआ। मैं उसके पीछे वहाँ गया । कमरे की तरफ बढ़ते समय मेरा दिल जोर -जोर से धड़क रहा था । मैं एक कमरे के बीच में घुस गया , जिसकी हवा में सीलन थी । उसमें कोई फर्नीचर नहीं था , बस एक लैंप था , जिसकी मद्धिम रोशनी अपनी पीली किरणों से अँधेरे को काट रही थी । एक तख्त था , जिसकी हालत घोर गरीबी व तंगहाली और अभाव को बयान करती थी । तख्त पर एक औरत सो रही थी , जिसका चेहरा दीवार की तरफ था , मानो वह दुनिया की कूरुरताओं से उसमें शरण ले रही थी , या शायद वह इसके पत्थरों में आदमियों के दिलों से अधिक कोमल और करुणामय एक दिल देख रही थी ।

लड़का चिल्लाता हुआ उसके पास गया — " माँ - माँ ! "

वह घूमी और उसने देखा कि वह मेरी तरफ इशारा कर रहा था। इस पर फटी - चीथड़ी चादरों के नीचे उसने हरकत की और ऊँचे स्वर में चिल्लाई जिसमें वेदना में डूबी जान के कष्टों ने कड़वाहट भर दी थी , " क्या चाहिए तुम्हें , अरे आदमी ? क्या तुम मेरी जिंदगी की आखिरी धज्जियाँ खरीदने आए हो कि उन्हें अपनी हवस से गंदा कर सको ? चले जाओ मेरे पास से , क्योंकि ऐसी गलियों में ऐसी औरतों की कोई कमी नहीं है , जो अपने शरीर और अपनी आत्मा को सस्ते में बेचने को तैयार रहती हैं। लेकिन मेरे पास बेचने को कुछ उखड़ती साँसों के सिवाय कुछ नहीं है और उन्हें भी मौत कब्र की शांति के बदले जल्द ही खरीद लेगी। "

मैं पलंग के पास गया। उसके शब्दों ने मुझे दिल की गहराइयों तक झकझोर दिया था , क्योंकि वे उसकी दु: ख भरी कहानी का साकार रूप था। मैंने उससे बातें कीं और कामना करने लगा कि काश ! मेरे शब्दों के साथ मेरी भावनाएँ भी निकल जाएँ।

"मुझसे मत डरो , मार्था। मैं तुम्हारे पास एक भुक्खड़ जानवर की तरह नहीं बल्कि एक दु: खी आदमी की तरह आया हूँ। मैं लेबनान का हूँ और लंबे समय तक केदार के जंगल के पास उन वादियों और गाँवों के बीच रहा हूँ। डरो मत , मार्था। "

उसने मेरे कहे शब्दों को सुना और जान गई कि वे शब्द एक ऐसे व्यक्ति की अंतरात्मा से निकले थे, जो उसके साथ विलाप कर रहा था ; क्योंकि वह अपने पलंग पर पड़ी उस तरह काँप रही थी जैसे सर्दियों की हवा के सामने से एक नंगी शाख। उसने अपने चेहरे पर इस तरह अपने हाथ रख लिये जैसे अपने आपको उस याद से छिपा लेगी , जो अपनी मधुरता में भरकर और अपनी सुंदरता में कटु थी। एक आहों भरी खामोशी के बाद उसका चेहरा काँपते कंधों के बीच फिर से दिखाई दिया। मैंने देखा कि गड्डों में धंसी उसकी आँखें कमरे की रिक्तता में खड़ी एक अदृश्य चीज को ताक रही थीं और उसके सूखे होठ निराशा के कंपन में काँप रहे थे। उसके गले में मौत के आने की घरघराहट थी और उसके साथ थी एक गहरी व टूटी हुई कराह। फिर वह बोली। याचना और विनती ने उसे वाणी दी और दुर्बलता और पीड़ा ने उसे आवाज दी —

" तुम यहाँ दया व करुणा के मारे आए हो और अगर गुनहगारों के लिए तरस को एक पवित्र काम समझा जाता है और भटके हुओं पर करुणा करने को पुण्य का काम समझा जाता है तो ईश्वर मेरे लिए तुम्हें इनाम देगा। मैं तुम्हारे हाथ जोड़ती हूँ , यहाँ से चले जाओ; क्योंकि तुम्हारा यहाँ होना तुम्हारे लिए शर्म का कारण होगा और मुझ पर तरस खाने से तुम्हें बेइज्जती तथा नफरत ही मिलेगी। जाओ, इससे

पहले कि सुअरों की गंदगी से गंदे इस गंदे कमरे में कोई तुम्हें देखे, यहाँ से चले जाओ। तेज कदमों से निकल जाना और अपने लबादे में अपना मुँह छिपा लेना , ताकि यहाँ से गुजरनेवाला कोई तुम्हें पहचान न पाए। तुम्हारी यह करुणा मेरी पाकीजगी को लौटा नहीं पाएगी, न ही मेरे पापों को धो पाएगी और न ही यह मेरी तरफ बढ़ते मौत के मजबूत हाथ को रोक पाएगी। मेरी बदनसीबी और मेरे गुनाह ने मुझे इन अँधेरी गहराइयों में धकेल दिया है । अपनी दया से अपने आपको कलंकित होने के करीब मत आने दो । मैं तो कब्रों के बीच रह रही एक कोढ़िन हूँ। मेरे पास मत आओ। ऐसा न हो कि लोग तुम्हें नापाक समझें और तुमसे दूर भागें। अब लौट जाओ, लेकिन मेरा नाम उन पवित्र वादियों में मत लेना, क्योंकि चरवाहा अपने झुंड के डर से बीमार भेड़ को अपनाने से इनकार कर देगा । अगर तुम मेरा नाम लो भी तो बस इतना कहना कि बान की रहनेवाली मार्था मर गई। और कुछ मत कहना । "

फिर उसने अपने बेटे के दोनों छोटे - छोटे हाथ पकड़े और दु: खी होकर उन्हें चूम लिया ।

उसने आह भरी और फिर बोलना शुरू कर किया " लोग मेरे बच्चे को हिकारत की नजरों से देखेंगे और उसका यह कहकर मजाक उड़ाएँगे कि यह तो पाप की पैदाइश है । यह मार्था वेश्या का बेटा है। यह शर्म के संजोग की औलाद है।

वे उसके बारे में और भी बहुत कुछ कहेंगे ; क्योंकि वे तो अंधे हैं। उन्हें दिखाई नहीं देगा ।

उन्हें मालूम नहीं कि उसकी माँ ने उसके बचपन दु: ख और बदनसीबी से उसकी जिंदगी के लिए प्रायश्चित्त किया है । मैं उसे गलियों के (आवारा) बच्चों के बीच इस बेरहम वजूद में अकेला छोड़कर मर जाऊँगी। मैं उसके लिए एक भयंकर याद के अलावा और कुछ नहीं छोड़ जाऊँगी। अगर वह एक कायर और कमजोर हुआ तो वह इस याद के आगे शर्मिंदा होगा , अगर वह हिम्मत वाला और इनसाफपसंद हुआ, तब तो उसका खून हरकत करेगा ।

अगर ऊपरवाले ने उसे संयोग से बचाकर रखा और वह बड़ा और दमदार मरद बन गया , तब ऊपरवाला उन लोगों के खिलाफ उसकी मदद करेगा, जिन्होंने उसके और उसकी माँ के साथ गलत किया है । अगर वह मर गया और बरसों के फंदे से छुटकारा पा गया तो मैं उसे उस पार मिलूँगी, जहाँ बस रोशनी और आराम है — उसके आने का इंतजार करती ।"

मेरे दिल ने मुझे बोलने को उकसाया " तुम कोई कोढ़िन नहीं हो मार्था, भले ही तुम कब्रों के बीच रही हो। तुम अशुद्ध नहीं हो, भले ही जिंदगी ने तुम्हें अशुद्धों के हाथों में दे दिया हो। शरीर की मैल शुद्ध आत्मा को नहीं छू सकती और बर्फ के ढेर सजीव बीजों को नहीं मार सकते। यह जिंदगी दुः खों के खलिहान के सिवाय और है क्या, जिस पर आत्मा के गट्ठों को, फसल उगलने से पहले, रौंदा जाता है?

लेकिन हाय उन बालियों पर, जो खलिहान से बाहर रह जाती हैं, क्योंकि धरती की चींटियाँ उन्हें ढोकर ले जाएँगी और आकाश के परिंदे उन्हें उठाकर ले जाएँगे तथा वे खेत के मालिक के भंडार में जाने न पाएँगी।

" तुम सताई हुई हो मार्था, और जिसने तुम्हें सताया है, वह महलों की औलाद है, जिसके पास धन - दौलत तो बहुत है, लेकिन आत्मा बिलकुल भी नहीं है। तुम्हें प्रताड़ित किया गया है और तुमसे नफरत की गई है; लेकिन बेहतर तो यह होता कि व्यक्ति सताया जानेवाला रहे न कि सतानेवाला और दुरुस्त हो कि इनसानी फितरतों की कमजोरी का शिकार बने, बजाय इसके कि वह ताकतवर हो और जिंदगी के फूलों को कुचले और अपनी हवस से भावना की खूबसूरती को विकृत कर डाले। आत्मा तो ईश्वरीय शृंखला की एक कड़ी है।

आग की तपिश इस कड़ी का रंग - रूप बिगाड़ सकती है और इसकी सुडौल सुंदरता को बेडौल कर सकती है, लेकिन वह अपने सोने को किसी और धातु में तब्दील नहीं कर सकती; बल्कि वह तो और भी चमकदार हो जाएगी। लेकिन हाय उस चोटिल और कमजोर पर, जब आग उसे लील जाएगी और भस्म कर देगी और हवाएँ उसे उड़ा ले जाएँगी और भस्म रेगिस्तान में बिखेर देंगी। हाँ मार्था, तुम ... तुम एक फूल हो, जिसे एक इनसान के अंदर छिपे जानवर ने अपने पैरों तले कुचला है। भारी जूतोंवाले पाँवों ने तुम्हें रौंदा है, लेकिन वे उस खुशबू को नहीं मिटा पाए हैं, जो विधवा के विलाप से और अनाथ के आर्तनाद से और गरीब इनसान की आह से निकलकर ऊपर स्वर्ग की ओर जाती है, जो न्याय और कृपा का स्रोत है। मार्था, इस बात में तसल्ली करो कि तुम फूल हो, जिसे कुचला गया है, वह पाँव नहीं हो, जिसने इसे कुचला है। "

मेरी बातों को वह बहुत ध्यान से सुनती रही। सांत्वना से उसका चेहरा ऐसे चमक उठा जैसे डूबते सूरज की कोमल किरणों से बादल रोशन हो जाते हैं। उसने मुझे अपने पास बैठने का इशारा किया। मैं इस गरज से बैठ गया कि उसके वाचाल चेहरे -मोहरे से उसकी दुः खी आत्मा के छिपे रहस्यों को जान सकूँगा। उसका देखने का अंदाज ऐसा था जैसे उसे पता था कि वह मरने वाली है। यह उस लड़की

की दृष्टि थी , जो अभी जिंदगी के वसंत काल में ही थी और अपने टूटे- फूटे पलंग के पास मौत के कदमों की आहट महसूस कर रही थी । यह अंदाज था उस परित्यक्त औरत का , जो अभी बीते साल में ही लेबनान की खूबसूरत वादियों में जिंदगी और शक्ति से भरी खड़ी थी , लेकिन अब पस्त हो चुकी थी और अस्तित्व के बंधनों से मुक्ति की प्रतीक्षा कर रही थी ।

एक मर्मस्पर्शी खामोशी के बाद उसने अपनी बची - खुची शक्ति को बटोरा। उसने बोलना शुरू किया। उसके आँसू उसके शब्दों को अतिरिक्त अर्थ दे रहे थे। वह जो साँस ले रही थी , उस हर साँस में उसकी आत्मा बसती थी " हाँ , मैं सताई हुई हूँ। मैं मर्दों के अंदर मौजूद जानवर की शिकार हूँ। मैं पाँव तले कुचला गया फूल हूँ ...। मैं झरने के किनारे बैठी थी , जब वह घोड़े पर सवार होकर आया । उसने मुझसे रहमदिली से बात की और मुझसे कहा — तुम सुंदर हो । मैं तुमसे प्यार करता हूँ और तुम्हें कभी नहीं छोड़ूंगा। उसने कहा कि चौड़ी जगहें , जो सुनसान जगहें और वादियों में परिंदों और सियारों का वास हैं। उसने मुझे खींचकर अपने सीने से लगा लिया और मुझे चूम लिया । उस समय तक मुझे चुंबनों के स्वाद का पता नहीं था , क्योंकि मैं तो एक अनाथ और परित्यक्त थी । उसने मुझे घोड़े पर अपने पीछे बैठा लिया और मुझे एक एकांत मकान में ले गया । वहाँ उसने मुझे रेशमी कपड़े और इत्र और बढ़िया खान- पान दिया ।

यह सब उसने मुसकराते हुए किया । अपने कोमल शब्दों और प्यार भरे हाव - भावों के पीछे उसने अपनी हवस और जिस्मानी भूख को छिपाकर रखा।... जब वह मेरे जिस्म से छक लिया और मेरी आत्मिक गरिमा को उसने झुका लिया तो वह वहाँ से चला गया । मेरे अंदर एक जीता शोला छोड़ गया , जो मेरे जिगर से खुराक पाकर तेजी से बढ़ने लगा। फिर मैं दर्द के अंगारों और रोने की कड़वाहट के बीच से निकलकर बाहर उस अँधेरे में चली गई । इस तरह से जिंदगी दो हिस्सों में बँट गई — एक हिस्सा कमजोर और शोक करता , दूसरा हिस्सा छोटा और रात की खामोशियों में विलाप करता , विशाल रिक्तता में लौटने का आग्रह करता। उस अकेले मकान में मेरे उत्पीड़क ने मुझे और मेरे दुधमुंहे बच्चे को भूख , ठंड और अकेलेपन की क्रूरताओं को सहन करने के लिए छोड़ दिया । डर और लगातार सताती यादों के सिवाय हमारा कोई साथी नहीं था और न ही रोने और शोक करने के सिवाय हमारा कोई मददगार था। उसके दोस्तों को मेरे रहने की जगह का पता चला गया और वे मेरी जरूरत व कमजोरी को जान गए। फिर तो वे एक - एक कर मेरे पास आने लगे। उन्होंने मुझे पैसों से खरीदना चाहा और रोटी के बदले मेरी

इज्जत लेनी चाही । आह! कितनी ही बार मेरे अपने हाथ ने मेरी आत्मा को मुक्त करने का संकल्प किया । लेकिन मैंने ऐसा नहीं किया , क्योंकि मेरी जिंदगी अकेली मेरी नहीं थी , उसमें मेरे बच्चे का भी हिस्सा था । मेरा बच्चा, जिसे ऊपरवाले ने इससे अलग करके इस जिंदगी में धकेल दिया , जैसे उसने मुझे जिंदगी से निकाल बाहर किया और मुझे नरक की गहराइयों में फेंक दिया था । अब देखो , वह घड़ी आ पहुँची है और मेरा दूल्हा, यानी मौत , बहुत लंबे समय तक दूर रहने के बाद मुझे अपने मुलायम बिस्तर पर ले जाने के लिए आ गया है! ” ।

एक लंबी खामोशी के बाद, जो पलायन करती आत्माओं की मौजूदगी की तरह थी , उसने मौत के सायों से मुँदी आँखें उठाकर देखा और कोमल स्वर में कहा " हे न्याय , जो इन भयंकर छवियों के पीछेछिपे हो तुम और केवल तुम, मेरी विदा होती आत्मा की चीख और मेरे उपेक्षित हृदय की पुकार सुनो! अकेले तुमसे मैं प्रार्थना और याचना करती हूँ कि मुझ पर रहम करो और अपने दाहिने हाथ से मेरे बच्चे की हिफाजत करो और अपने बाएँ हाथ से मेरी आत्मा को ग्रहण करो । ”

उसकी शक्ति क्षीण हो गई और उसकी नजर कमजोर पड़ गई । उसने दु: ख और प्यार के साथ अपने बेटे की तरफ देखा, फिर धीरे - धीरे अपनी आँखें झुका लीं । और फिर लगभग खामोशी जैसी आवाज में ये पंक्तियाँ बोलीं " हे हमारे पिता , आप जो स्वर्ग में हैं , आपका नाम पवित्र माना जाए।... आपका राज्य आए ।

आपकी इच्छा जैसे स्वर्ग में पूरी होती है, पृथ्वी पर भी पूरी हो ।... आप हमारे अपराधों को क्षमा करें ...। ”

उसकी आवाज बंद हो गई, लेकिन उसके होंठ कुछ देर तक फिर भी हिलते रहे । जब वे शांत हो गए तो उसके शरीर की सारी हरकत जाती रही । उसके पूरे जिस्म में एक कँपकँपी दौड़ गई और उसने लंबी साँस छोड़ी । उसका चेहरा पीला पड़ गया । उसकी आत्मा ने विदा ली और उसकी आँखें अदृश्य को देखती रह गईं ।

भोर होने पर मार्था के शव को लकड़ी के ताबूत में लिटा दिया गया और दो गरीब व्यक्तियों के कंधों पर ले जाया गया । हमने उसे कस्बे से दूर एक सुनसान मैदान में दफना दिया , क्योंकि पुरोहित लोग उसके पार्थिव शरीर पर प्रार्थना करने को तैयार नहीं थे और न ही वे उसकी अस्थियों को कब्र में रखने को तैयार थे, जहाँ कब्रों की रखवाली सलीब करती थी ।

उस दूर के कब्रिस्तान में कोई भी मातम करने नहीं गया , सिवाय उसके बेटे और एक अन्य लड़के के , जिसे वजूद के थपेड़ों ने करुणा करना सिखा दिया था ।

तूफ़ान

यूसुफ अल फाख़री ने बीस बरस की उम्र में समाज से नाता तोड़ लिया था और उत्तर लेबनान की कदीशा घाटी में एक एकांत आश्रम में रहने चला गया था। आस-पास के गाँव के लोगों ने यूसुफ के बारे में कई किस्से सुन रखे थे। कुछ बताते थे कि वह एक धनी और अच्छे परिवार से था और वह एक औरत को प्यार करता था, जो उसे धोखा दे गई थी और उसे अकेलेपन की जिंदगी जीने को मजबूर होना पड़ा था। जबकि दूसरे लोग कहते थे कि वह एक कवि था और चकाचौंधवाले शहर को छोड़ उस जगह चला आया था, ताकि अपने खयालों को इकट्ठा कर सके और अपनी प्रेरणा को शब्दों में पिरो सके। कई लोग तो पक्का मानते थे कि वह एक योगी था, जो आत्मिक जगत् से संतुष्ट था। हालाँकि अधिकतर लोग यही कहते थे कि एक पागल था।

जहाँ तक मेरी बात है तो मैं इस व्यक्ति के बारे में कोई निष्कर्ष नहीं निकाल पाया था, क्योंकि मैं जानता था कि उसके सीने में कोई गहरा राज तो जरूर होगा और उसके प्रकट ने के लिए मैं खाली अटकलबाजी पर भरोसा करने वाला नहीं था। मैंने बहुत दिनों से यह उम्मीद लगा रखी थी कि इस अजीब आदमी से मिलने का मौका निकलेगा। मैंने कई तरह से उससे दोस्ती की कोशिश की थी, ताकि उसकी जिंदगी के मकसद के बारे में पूछकर उसकी कहानी के बारे में समझ सकूँ; लेकिन मेरी कोशिशें कामयाब नहीं हुई थीं। जब मैं उससे पहली बार मिला, तब वह लेबनान के पवित्र देवदार वन से होकर टहल रहा था और मैंने अच्छे-से-अच्छे शब्दों में उसका अभिवादन किया, लेकिन जवाब में उसने बस अपना सिर हिला दिया और लंबे-लंबे डग भरता आगे बढ़ लिया।

एक और मौके पर मैंने उसे एक मठ के पास अंगूर के एक छोटे से बगीचे के बीच में खड़े देखा। इस बार भी मैंने उसके पास जाकर उसका अभिवादन किया और कहा, "गाँववालों को कहना है कि यह मठ एक सीरियाई समूह ने चौदहवीं शताब्दी में बनवाया था तथा आपको इसके इतिहास की भी कुछ जानकारी है?"

उसने रूखेपन से जवाब दिया, "मैं नहीं जानता कि इस मठ को किसने बनवाया और न ही मैं जानना चाहता हूँ।" उसने मेरी तरफ अपनी पीठ कर ली और आगे

कहा, " अपने दादा दादी से क्यों नहीं पूछते , जो मुझसे बड़े हैं और इन घाटियों के इतिहास को मुझसे बेहतर नते हैं ? "

मैं तुरंत समझ गया कि मैं बुरी तरह से नाकाम रहा हूँ। मैं वहाँ से चला आया। इस तरह दो साल बीत गए। इस अजीब शख्स की अजीबो-गरीब जिंदगी ने मेरे दिमाग को मथकर रख दिया और मेरे सपनों को झिंझोड़ दिया।

शिशिर में एक दिन जब मैं यूसुफ अल फाखरी के आश्रम से सटी पहाड़ियों और टीलों पर घूम रहा था तो मैं अचानक आई तेज आँधी और मूसलधार बारिश में फँस गया। मैं तूफान में इधर से उधर गिरने-पड़ने लगा, जैसे कोई नाव हो , जिसकी पतवार टूट गई हो और जिसके पाल एक अशांत समुद्र में अंधड़ ने फाड़ दिए हो। मैंने अपने कदमों को बड़ी मुश्किल से यूसुफ के ठिकाने की तरफ मोड़ा और मन ही मन कहा, इस मौके की तलाश मुझे न जाने कब से थी — यह तूफान मेरे अंदर जाने के लिए बहाने का काम करेगा , जबकि मरे गीले कपड़े यहाँ ठहरने की वजह बनेंगे।

मैं जब आश्रम पहुँचा तो मेरी हालत बहुत खराब थी। जब मैंने दरवाजा खटखटाया तो उसी शख्स ने उसे खोला, जिससे मिलने की मेरी बड़ी तमन्ना थी। उसके एक हाथ में एक मरणासन्न चिड़िया थी , जिसका सिर टूट गया था। मैंने यह कहते हुए उसका अभिवादन किया, " मैं इस तरह घुस आने के लिए माफी चाहता हूँ। मैं घर से बहुत दूर था और तभी मैं जबरदस्त तूफान में फँस गया।"

उसने त्योरियाँ चढ़ाते हुए कहा, " इस वीराने में कितनी ही गुफाएँ हैं , तुम उनमें पनाह ले सकते थे।" फिर दिल तेजी से धड़कने लगा, क्योंकि मेरी दिली तमन्ना अब बस पूरी होने जा रही थी। वह बेहद सावधानी और दिलचस्पी से उस चिड़िया के सिर को सहलाने लगा।

उसमें एक ऐसी खूबी थी , जो मेरे दिल के लिए खास थी। मैं उस शख्स में दो विरोधी गुण देखकर चकित रह गया , एक ही समय में रहम भी और बेरहमी भी। हमें खिंचाव भरी उस खामोशी का अहसास हो गया। वह मेरे वहाँ होने से चिढ़ रहा था , जबकि मैं वहाँ रहना चाहता था।

शायद उसने भाँप लिया था कि मैं क्या सोच रहा था, क्योंकि उसने नजरें उठाकर मुझसे कहा, " तूफान साफ हैं और सड़ा मांस नहीं खाना चाहता। तुम इससे क्यों बचना चाहते हो ? "

थोड़ा परिहास करते हुए मैंने जवाब दिया , " हो सकता है , तूफान की इच्छा नमकीन या खट्टी चीजों की न हो ! लेकिन उसके स्वभाव में सभी चीजों को ठिठा देना और गला देना तो है ही । अगर मैं दोबारा उसकी पकड़ में आ गया तो मुझे खाकर उसे बहुत मजा आएगा । "

उसके चेहरे पर कठोरता के भाव आ गए और उसने पलटकर कहा, " अगर तूफान ने तुम्हें निगल लिया होता तो उसने तुम्हें बड़ी इज्जत बख्शी होती , जिसके लायक तुम हो नहीं। " मैंने उसकी बात से सहमति जताई, " जी जनाब , मैं तूफान से इसलिए भाग लिया , क्योंकि मैं नहीं चाहता था कि मुझे वह इज्जत बख्शी जाए , जिसके लायक मैं हूँ नहीं । " उसने अपनी मुसकराहट को दबाने की कोशिश में मुझसे चेहरा फेर लिया और फिर आतिशदान के पास रखी लकड़ी की एक बेंच की तरफ इशारा करके मुझे आराम करने और मेरे कपड़े सुखाने का निमंत्रण दिया । मैं अपनी खुशी को छिपा नहीं पाया ।

मैंने उसे शुक्रिया कहा और बैठ गया , जबकि वह मेरे सामने पत्थर से तराशी एक बेंच पर बैठा । उसने मिट्टी के एक बरतन में अपनी उँगलियों के पोरों को डुबोया , जिसमें कोई तेल भरा था और उसे हलके-हलके चिड़िया के सिर और पंखों पर लगाने लगा। नजरें झुकाए हुए ही उसने कहा, " तेज हवाओं ने इस चिड़िया को जिंदगी और मौत के बीच चट्टानों पर गिरा दिया है। "

मैंने तुलना करते हुए जवाब दिया , " तेज हवाओं ने ही मुझे भटकाकर समय से आपके दरवाजे पर भेज दिया है, ताकि मेरा सिर घायल न हो और मेरे पंख न टूटें।"

उसने मुझे संजीदगी से देखा और कहा, "मैं चाहता हूँ कि मनुष्य में चिड़िया की नैसर्गिक प्रवृत्ति दिखे। मैं चाहता हूँ कि तूफान मनुष्य के पंख तोड़े, क्योंकि मनुष्य भय और कायरता ओर प्रवृत्त होता है। जब उसे तूफान के जागने का अहसास होता है तो वह रेंगकर धरती दरारों व गुफाओं में घुस जाता है और अपने आपको छिपा लेता है । "

मेरा मकसद तो अपने आप थोपे गए इस निर्वासन की कहानी को उगलवाना था, सो मैंने उसे उकसाया , " हाँ , चिड़ियों में एक मान और साहस होता है, जो मनुष्य में नहीं होता । नुष्य उन नियम और रिवाजों के साये में रहता है, जो उसने अपने लिए बनाए और तैयार किए हैं , लेकिन परिंदे उस स्वतंत्र बाहरी नियम के मुताबि ही रहते हैं , जिसके अनुसार धरती सूरज के गिर्द अपने दमदार पथ पर चलती है।"

उसकी आँखों और चेहरे पर चमक आ गई। उसने कहा, "बहुत अच्छे! अगर तुम अपने कहे पर विश्वास करते हो तो तुम्हें सभ्यता को और उसके भ्रष्ट नियमों और परंपराओं को छोड़ देना चाहिए तथा चिड़ियों की तरह उस जगह रहना चाहिए, जहाँ कुछ भी नहीं हो , बस स्वर्ग और धरती का शानदार नियम हो । "

"विश्वास करना एक बढ़िया बात है, लेकिन उन विश्वासों को अमल में लाना शक्ति का इम्तिहान है। बहुतेरे हैं , जो समुद्र के गर्जन के समान बातें करते हैं , लेकिन उनके जीवन सड़ते दलदलों की तरह छिछले और ठहरे हुए होते हैं। बहुतेरे हैं , जो अपने सिर पहाड़ों की टियों से ऊपर उठाकर रखते हैं , लेकिन उनकी आत्माएँ गुमनाम गुफाओं में सोई रहती हैं। " वह काँपता हुआ अपने आसन से उठा और उसने चिड़िया को एक तहाए कपड़े पर खिड़की के सहारे रख दिया। उसने सूखी लकड़ियों का एक गट्ठर आग में डाल दिया और कहा, " अपने जूते उतारो और अपने पाँव गरम करो, क्योंकि गीलापन आदमी की सेहत के लिए खराब होता है । अपने कपड़ों को अच्छी तरह सुखा लो और आराम से हो जाओ। "

यूसुफ की लगातार खातिरदारी से मेरी उम्मीदें बरकरार बनी हुई थीं। मैं आग के पास गया। मेरे गीले कपड़ों से भाँप उठने लगी। वह दरवाजे पर खड़ा भूरे आसमान को ताक रहा था और मेरा दिमाग उसकी पृष्ठभूमि में कोई खुलती झिरी ढूँढ़ने में लगा था । मैंने मासूमियत से पूछा, " इस जगह आए आपको काफी समय हो गया क्या ? "

मेरी तरफ न देखते हुए उसने खामोशी से जवाब दिया, "मैं इस जगह तब आया था जब धरती का कोई रूप नहीं था , शून्य था और सागर पर अंधकार था । जल पर परमेश्वर का आत्मा मँडराता था । "

मैं उन शब्दों को सुनकर अवाक् रह गया । मुझे कुछ सुझाई नहीं दिया और अपने आपको संयत करने की कोशिश करते हुए मैंने मन - ही - मन कहा , क्या विचित्र आदमी है यह! कितना कठिन है वह रास्ता , जो उसकी वास्तविकता तक ले जाता है। लेकिन मैं सावधानी से और भी धीरे - धीरे धैर्य रखते हुए तब तक प्रहार करूँगा, जब तक उसकी चुप्पी संवाद में और उसकी विचित्रता समझ में नहीं बदल जाती ।

रात अपनी काली चादर उन घाटियों पर फैला रही थी । तूफान चकरा देनेवाले अंदाज में चीख रहा था । बारिश और भी तेज होती जा रही थी । मैं कल्पना करने लगा कि जीवन को और मनुष्य की गंदगी को परमेश्वर की धरती से मिटाने के लिए वह बाइबिल के जमाने की बाढ़ फिर से आ रही है ऐसा लगता था कि

प्राकृतिक शक्तियों की परिक्रमा ने यूसुफ के दिल में एक ऐसी नीरवता पैदा कर दी थी, जो अकसर स्वभाव की प्रतिक्रिया-स्वरूप आती है और अकेलेपन को मिलनसारी में बदल देती है। उसने दो मोमबत्तियाँ जलाई और फिर मेरे आगे एक जार में राब तथा एक बड़ी तश्तरी में रोटी, मक्खन, जैतून, शहद व कुछ मेवे रख दिए। फिर वह मेरे पास बैठ गया और फिर सादगी के लिए नहीं, बल्कि खाना कम होने के लिए माफी माँगने के बाद मुझसे साथ देने को कहा।हमने खामोशी से भोजन किया। यह खामोशी समझ में आनेवाली थी। हम हवा के कराहने र बारिश के चिल्लाने की आवाज सुन रहे थे। साथ ही मैं उसके चेहरे पर गौर कर रहा था और उसके रहस्य को जानने की कोशिश कर रहा था।

मैं यह सोच रहा था कि उसके सामान्य अस्तित्व के पीछे क्या कारण हो सकता है ! भोजन कर लेने के बाद उसने आग पर से ताँबे की एक केतली उठाई और दो प्यालों में शुद्ध खुशबूदार कॉफी डाली। फिर उसने एक छोटा डिब्बा खोला और मुझे भाई कहकर एक सिगरेट पेश की। मैंने कॉफी पीते हुए एक सिगरेट ले ली। मुझे अपनी आँखों पर विश्वास ही नहीं हो रहा था। उसने मुसकराते हुए मुझे देखा । सिगरेट का एक गहरा कश खींचकर और कॉफी की चुस्की लेकर उसने कहा, " बेशक तुम यहाँ शराब, तंबाकू और कॉफी की मौजूदगी के बारे में सोच रहे हो , तुम मेरे खाने की सुविधाओं को लेकर भी शायद हैरान हो रहे हो । तुम्हारी उत्सुकता हर तरह से जायज है, क्योंकि तुम उन बहुतेरों में से ही हो , जो यह मानते हैं कि कोई शख्स अगर लोगों से अलग हो जाता है तो वह जिंदगी से भी गैर - हाजिर हो जाता है। उसे जिंदगी के तमाम मजे भी छोड़ ही देने चाहिए। "

मैंने तुरंत उससे सहमति जताई, " हाँ , यह उन ज्ञानियों ने कहा है कि जो शख्स केवल रमेश्वर की इबादत करने के लिए संसार का त्याग करता है , वह जिंदगी के सारे आनंदों र बहुतायत को भी छोड़ेगा और केवल परमेश्वर की पैदा की हुई साधारण चीजों पर संतोष करेगा तथा पौधों व पानी पर जिंदा रहेगा। " वह थोड़ी देर गहरे चिंतन में रहा और फिर बोला , "मैं परमेश्वर के जीवों के बीच रहकर भी उसकी इबादत कर सकता था , क्योंकि इबादत के लिए एकांत की जरूरत नहीं होती। मैंने परमेश्वर को देखने के लिए लोगों को नहीं छोड़ा , क्योंकि उसको तो मैंने अपने पिता और माँ के घर में हमेशा ही देखा है। मैंने तो लोगों को इसलिए छोड़ा , क्योंकि उनके स्वभाव मेरे स्वभाव से टकराते थे। उनके सपने मेरे सपनों से मेल नहीं खाते थे। मैंने मनुष्य को छोड़ दिया , क्योंकि मेरी आत्मा का चक्र एक ओर घूम रहा था और दूसरी आत्माओं के चक्रों से रगड़ खा रहा था , जो विपरीत

दिशा में घूम रहे थे। मैंने सभ्यता को इसलिए छोड़ दिया , क्योंकि मुझे यदि एक पुराना और विकृत पेड़ लगा, जो मजबूत और भयंकर है और जिसकी जड़ें धरती की गुमनामी में बंद हैं तथा उसकी शाखाएँ बादलों के पार पहुँच रही हैं ; लेकिन इसके फूल लालच, दुष्टता और गुनाह के हैं। मुजाहिदों ने इसमें भलाई घोलने की । और इसकी फितरत बदलने की कोशिश की , लेकिन उन्हें कामयाबी नहीं मिली। वे निराश, प्रताड़ित और आहत होकर मर गए। "

यूसुफ आतिशदान की ओर झुका, मानो मेरे दिल पर अपने शब्दों के असर का इंतजार कर रहा हो। मैंने श्रोता बने रहना ही बेहतर समझा ।

उसने आगे कहा, " नहीं, मैंने एकांत की तलाश प्रार्थना करने और एक साधु का जीवन बिताने के लिए नहीं की ; क्योंकि प्रार्थना तो हृदय की गति होती है और वह हजारों स्वरों की चीख -चिल्लाहट के बीच भी परमेश्वर के कानों तक पहुँच ही जाती है । संन्यासी का जीवन जीने का मतलब है शरीर और आत्मा को यातना देना और इच्छाओं को मारना । यह ऐसी जिंदगी है, जिससे मुझे चिढ़ होती है, क्योंकि परमेश्वर ने शरीर को आत्मा का मंदिर बनाया है और यह हमारा मकसद है कि परमेश्वर ने हम पर जो भरोसा जताया है उसे बनाकर रखें।

" नहीं मेरे भाई, मैंने धार्मिक उद्देश्य के लिए नहीं बल्कि केवल लोगों और उनके नियमों , उनकी परीक्षाओं और उनकी परंपराओं, उनके विचारों और उनकी चीख - पुकार व हाय तौबा से बचने के लिए एकांत की तलाश की ।

"मैंने एकांत की तलाश की तो इसलिए कि मुझे उन लोगों के मुँह न देखने पड़ें , जो उस दाम में अपने आपको बेचते और उसी दाम में खरीदते भी हैं , जो आत्मिक और मौखिक हिसाब से उनसे कम होता है ।

"मैंने एकांत की तलाश इसलिए की , ताकि मेरा सामना उन औरतों से न हो , जो अपने होंठों पर एक हजार मुसकान लिये घमंड से बोलती हैं , जबकि उनके हजारों दिलों की गहराइयों में बस एक ही मकसद होता है ।

"मैंने एकांत की तलाश इसलिए की , ताकि अपने आपको उन आत्मसंतुष्ट व्यक्तियों से छिपा सकूँ, जिन्हें जागते में उस सत्य का प्रेत ही दिखाई देता है और जो चिल्ला-चिल्लाकर निया से कहते हैं कि उन्होंने सत्य के सार को पूरा - का - पूरा पा लिया है।

"मैंने इसलिए दुनिया को छोड़ा और एकांत की तलाश की , क्योंकि मैं उन तमाम साधारण लोगों को शिष्टाचार दिखा-दिखाकर थक गया था , जो यह मानते हैं कि

विनम्रता तो एक तरह की कमजोरी है और दया एक तरह की कायरता तथा अकड़ एक तरह की ताकत है। "मैंने एकांत की तलाश इसलिए भी की, क्योंकि मेरी आत्मा उन लोगों की संगति से तंग आ गई थी, जो पूरी निष्ठा के साथ यह मानते हैं कि सूरज, चाँद और सितारे बस उनके खजानों में उगते और बस उनके बागों में डूबते हैं।

"मैं उन पद चाहनेवालों से भागा, जो लोगों के सांसारिक भाग्य को चकनाचूर कर देते हैं और उनकी आँखों में बागों की धूल झोंकते हैं और उनके कानों में बेमतलब की बात की आवाजें भर देते हैं।

"मैं उन पुरोहितों को छोड़ आया, जो अपने उपदेशों के मुताबिक नहीं जीते। वे लोगों से वह सब माँगते हैं, जो वे खुद के लिए नहीं चाहते।

"मैंने एकांत की तलाश इसलिए की, क्योंकि मुझे किसी इनसान से तब तक रहम नहीं मिला जब तक मैंने अपने दिल से उसकी पूरी कीमत अदा नहीं कर दी।

"मैंने एकांत की तलाश इसलिए की, क्योंकि मुझे उस महान् और भयंकर संस्था से चिढ़ है, जिसे लोग सभ्यता कहते हैं — वह सुदृढ़ विकरालता, जिसे मनुष्यों की निरंतर दीनता पर खड़ा किया गया है।

मैंने एकांत की तलाश इसलिए की, क्योंकि इसमें आत्मा के लिए और दिल के लिए, देह के लिए पूरा जीवन है। मुझे वे अनंत घास के मैदान मिले, जहाँ सूरज की रोशनी विश्राम करती है, जहाँ फूल अपनी खुशबू अंतरिक्ष में छोड़ते हैं, जहाँ धाराएँ गुनगुनाती हुई सागर की राह तय करती हैं। मैंने वे पहाड़ देखे, जहाँ मुझे वसंत का नूतन जागरण और ग्रीष्म का गीन बसेरा मिला, शीत का। मैं परमेश्वर के राज्य के इस दूर-दराज कोने में इसलिए आया, क्योंकि मुझमें संसार के रहस्यों को जानने की, परमेश्वर के सिंहासन के नजदीक पहुँचने की भूख थी।"

यूसुफ ने गहरी साँस ली, मानो उस पर से एक भारी बोझ उतर गया हो। उसकी आँखों में अजीब जादुई किरणें चमक रही थीं। उसके चमकते चेहरे पर अभिमान, संकल्प और संतोष की छाप थी। कुछ मिनट गुजर गए। मैं शांति से उसे ताक रहा था और मुझसे जो छिपा था, उसके उजागर होने के बारे में सोच-विचार कर रहा था। फिर मैंने उससे कहा, "आपने जो भी कहा है, उसमें से अधिकतर में आप सचमुच सही हैं, लेकिन आपने सामाजिक व्याधि का निदान किया है। उसके जरिए आपने यह भी साबित किया है कि आप एक अच्छे चिकित्सक भी हैं। मेरा मानना है कि बीमार समाज को ऐसे वैद्य की सख्त जरूरत है, जो इसका इलाज

करे या फिर इसे मार दे। यह परेशान संसार आपका ध्यान चाहता है। क्या यह न्यायपूर्ण और दयालुता है कि आप बीमार रोगी से दूर हो जाएँ और उसे अपना लाभ न दें?"

वह विचारों में डूबा मुझे ताकता रहा, फिर व्यर्थ ही बोला, "संसार के प्रारंभ से ही चिकित्सक लोगों को उनकी गड़बड़ी से बचाने की कोशिश कर रहे हैं। कुछ ने चाकुओं का इस्तेमाल किया तो कुछ ने काढ़े का; लेकिन महामारी नाउम्मीदी की हद तक फैलती ही गई। मैं तो यह चाहता हूँ कि मरीज अपने गंदेबिस्तर में बने रहने और लंबे समय से चले आ रहे अपने घावों पर ध्यान लगाने में संतुष्ट रहें, लेकिन इसके बजाय वह तो लबादे में से अपना हाथ निकालता है और उस हर शख्स की गरदन दबोचता है, जो उससे मिलने आता है तथा उसका गला घोंटकर उसे मार डालता है और फिर अपनी आँखें मूंदकर मन-ही-मन कहता है, वह एक महान् वैद्य था। नहीं भाई, धरती पर कोई ऐसा नहीं है, जो इनसानियत का फायदा कर सके। बोनेवाला चाहे कितना भी अकलमंद और होशियार क्यों न हो, वह खेत को जाड़े में अंकुरित नहीं कर सकता।" मैंने तर्क किया, "लोगों का जाड़ा बीत जाएगा, जब खूबसूरत वसंत आएगा और खेत में फूल खिलेंगे तथा घाटियों में झरने फिर से उछलेंगे।"

उसके माथे पर बल पड़ गए और उसने तल्खी में कहा, "अफसोस! क्या परमेश्वर ने मनुष्य के जीवन को — जो पूरी सृष्टि है — बरस के मौसमों की तरह बाँट दिया है? क्या इस समय परमेश्वर के सत्य और आत्मा में रह रही मनुष्यों की कोई भी जनजाति इस धरती पर दोबारा प्रकट होने की इच्छा करेगी? क्या कभी वह समय आएगा, जब मनुष्य जीने के अधिकार पर कायम रहेगा और दिन की चमकदार रोशनी और रात की शांतिपूर्ण खामोशी के साथ खुशी मनाएगा? क्या वह सपना हकीकत बन सकता है? क्या यह धरती के इनसानी मांस से ढक जाने के बाद और मनुष्य के खून में भीग जाने के बाद साकार हो सकता है?"

यूसुफ खड़ा हो गया और उसने अपना हाथ आसमान की तरफ उठाया, मानो किसी अलग दुनिया की तरफ इशारा कर रहा हो। उसने आगे कहा, "यह और कुछ नहीं, इस दुनिया के लिए एक व्यर्थ सपना है; लेकिन अपने लिए मैं इसे पूरा होता देख रहा हूँ और यहाँ मैं जो पा रहा हूँ, वह मेरे दिल में, वादियों में और पहाड़ों में हर जगह में मौजूद है।" यहाँ आकर उसने अपनी गंभीर आवाज तेज कर दी, "जिसे मैं हकीकत में सच समझता हूँ, वह मेरे अंतस की पुकार है। मैं यहाँ रह रहा हूँ और मेरे वजूद की गहराइयों में एक प्यास और भूख है। मुझे आनंद आता है, जब

मैं उन पात्रों से जीवन की सुरा और रोटी ग्रहण करता हूँ, जिन्हें मैं अपने हाथों से बनाता और तैयार करता हूँ। यही वजह है कि मैंने लोगों के भोजन को छोड़ दिया और इस जगह चला आया। मैं अंत तक यहाँ रहूँगा।"

वह अशांत होकर कमरे में इधर से उधर चहलकदमी करता रहा और मैं उसके कहे पर विचार करता रहा और समाज के खुले घावों के बखान पर ध्यान- मनन करता रहा। मैंने एक बार फिर चतुराई से आलोचना की, " मैं आपकी राय और आपके इरादों की बेहद इज्जत करता हूँ ; लेकिन मैं जानता हूँ, इस अभागी कौम ने आपके निर्वासन में बहुत भारी नुकसान उठाया है, क्योंकि इसे एक समझदार उपचारक की जरूरत है, जो मुश्किलों से उबारने में उसकी मदद करे और उसकी आत्मा को जगाए। " उसने धीरे से अपना सिर हिलाया और कहा, " यह कौम और सभी कौमों की तरह है। वे लोग उसी मिट्टी के बने हैं और बाहरी रंग - रूप के अलावा और किसी बात में अलग नहीं हैं और उसकी कोई अहमियत नहीं है। दुनिया की बदहाली और जिसे तुम पश्चिम में सभ्यता कहते हो, वह कुछ नहीं, बस दु: खद धोखे के अनेक प्रेतों की एक और छाया है।

" पाखंडी प्रवृत्ति हमेशा बनी रहेगी, भले ही उसकी उँगलियों के पोर रँगे और चमकाए गए। दगाबाजी कभी सच्चाई नहीं बनेगी, भले ही तुम उसे रेशमी कपड़े पहना दो और महल में रख दो। लालच संतोष नहीं बनेगी और न ही गुनाह कभी नेकी बनेगी। बाहरी गुलामी भी शिक्षा के लिए, रिवाजों के लिए और इतिहास के लिए गुलामी ही बनी रहेगी, भले ही वह अपना चेहरा रँग ले और अपनी आवाज बदल ले। गुलामी अपने तमाम भयंकर रूप में गुलामी ही रहेगी, भले ही वह अपने आपको आजादी बताती रहे।

" नहीं मेरे भाई, पूरब के मुकाबले पश्चिम कोई ऊँचा नहीं है तथा पूरब के मुकाबले पश्चिम कोई नीचा भी नहीं है और इन दोनों के बीच जो फर्क है, वह बाघ और शेर के फर्क से ज्यादा नहीं है। एक उचित और मुकम्मल नियम है, जो मैंने समाज के बाहरी आवरण के पीछे देखा है, जो बदहाली और खुशहाली तथा अज्ञान को बराबर कर देता है। यह एक कौम को दूसरी कौम से ज्यादा पसंद नहीं करता और न ही यह एक जनजाति को संपन्न करने के लिए दूसरी जनजाति को दबाता है। "

मैंने कहा, "तब तो सभ्यता व्यर्थ है और इसमें जो कुछ है, सब व्यर्थ है। "

उसने तुरंत जवाब दिया, " हाँ, सभ्यता व्यर्थ है। उसमें जो कुछ है, सब व्यर्थ है। आविष्कार और अन्वेषण थके हुए और क्लांत शरीर के लिए महज मनोरंजन और

सहूलियत हैं। दूरी को मिटाना और सागरों पर विजय पाना तो महज झूठे फल हैं, जो न तो आत्मा को संतुष्ट करते हैं, न दिल को पोसते हैं और न ही मन का उत्थान करते हैं, क्योंकि वे प्रकृति से बहत दूर हैं। जिन ढाँचों और सिद्धांतों को मनुष्य ज्ञान और कला कहता है, वे कुछ नहीं, बस बैड़ियाँ और सुनहरी जंजीरें हैं, जिन्हें मनुष्य घसीटता है और वह उनके चमचमाते अक्सों व उनकी खनखनाती आवाजों में खुश होता है। वे तो मजबूत पिंजरे हैं, जिनकी सलाखों को इनसान ने युगों पहले बनाना शुरू कर दिया था और उसे पता नहीं था कि वह अंदर से इन्हें बना रहा है और जल्दी ही वह अनंत के हाथों अपना ही कैदी हो जाएगा। हाँ, व्यर्थ हैं कर्म मनुष्यों के और व्यर्थ हैं उसके मकसद। धरती पर सबकुछ व्यर्थ है।" उसने थोड़ा रुककर धीरे-धीरे आगे कहना शुरू किया, " और जीवन की तमाम व्यर्थताओं में एक चीज, जो चकाचौंध करनेवाली और अकेली है..." "क्या है वह? " मैंने पूछा। मेरी आवाज काँप रही थी।

उसने कुछ देर मुझे देखा और फिर अपनी आँखें बंद कर लीं। उसने अपने हाथ अपने सीने पर रख लिये, उसके चेहरे पर चमक आ गई। एक सौम्य और निश्छल स्वर में उसने कहा, "यह आत्मा में होनेवाली जागृति है। यह दिल की गहराइयों में होनेवाली जागृति है। यह एक जोरदार और शानदार शक्ति होती है, जो अचानक उसकी आँखों पर उतरती है, जिससे

वह जिंदगी को सुंदर संगीत की चकरा देनेवाली बौछार के बीच विशाल प्रकाश-चक्र से घिरा हुआ देखता है, जिसमें मनुष्य तो सुंदरता के एक स्तंभ के समान धरती और आकाश के बीच खड़ा होता है। यह एक ज्वाला होती है, जो अचानक आत्मा के अंदर भड़कती है और हृदय को झुलसाकर शुद्ध कर देती है। धरती से ऊपर उठती और विराट् आकाश में मँडराती है। यह एक दयालुता होती है, जो व्यक्ति के हृदय को अपने घेरे में ले लेती है, जिससे वह इसका विरोध करनेवाले सभी लोगों को हैरान व नापसंद कर देता है और इसके महान् अर्थ को न समझने वालों से बगावत कर देता है। यह एक खुफिया हाथ है, जिसने उस समय मेरी आँखों से परदा हटा दिया था, जब मैं मेरे परिवार, मेरे दोस्तों और मेरे देशवासियों के बीच समाज का सदस्य था।

"कितनी ही बार मैं हैरान होता था और मन-ही-मन कहता था, यह संसार है क्या, और मैं उन लोगों से अलग क्यों हूँ, जो मुझे देख रहे हैं। मैं उन्हें जानता कैसे हूँ और मैं उनसे मिला कहाँ और मैं उनके साथ रह क्यों रह रहा हूँ? क्या मैं उनके बीच एक अजनबी हूँ, जिसे जीवन ने बनाया और मुझे चाबियाँ सौंप दीं?"।

वह अचानक खामोश हो गया, जैसे वह बहुत पहले देखी किसी चीज को याद कर रहा था और उसे उजागर नहीं करना चाहता था। फिर उसने अपनी बाँहें आगे को फैलाई और फुसफुसाते हुए कहा, " यही हुआ था मेरे साथ चार साल पहले, जब मैं दुनिया छोड़कर इस खाली जगह में जीवन की जागृति में रहने के लिए तथा दयालुता भरे खयालों और खूबसूरत खामोशी का आनंद उठाने आया था। "

वह चहलकदमी करता दरवाजे की तरफ गया। वह अँधेरे की गहराइयों में झाँक रहा था, जैसे तूफान को संबोधित करने की तैयारी में हो। लेकिन वह सरसराती आवाज में बोला, " यह आत्मा में होनेवाली जागृति है। जो इसे जानता है, वह इसे शब्दों में बयान नहीं कर सकता और जो इसे नहीं जानता, वह कभी वजूद के जबरदस्त और खूबसूरत रहस्य पर विचार नहीं करेगा। "

एक घंटा बीत गया था और यूसुफ अल फाखरी कमरे में लंबे डग भरता घूम रहा था। वह अचानक रुक जाता और जबरदस्त भूरे आसमान को ताकने लगता था। मैं खामोश रहा और उसके एकांत जीवन में खुशी व गम के अजीब मेल के बारे में सोचता रहा।

बाद में रात के समय वह मेरे पास आया और देर तक मेरे मुँह की तरफ ताकता रहा, मानो अपनी याद में उस शख्स की तसवीर बसा लेना चाहता हो, जिसके आगे उसने अपने जीवन के मर्मांतक रहस्य खोलकर रख दिए थे। मेरा मन उथल - पुथल से भारी हो रहा था और मेरी आँखें धुंध से। उसने खामोशी से कहा, " अब मैं रात-भर तूफान के साथ टहलने, प्रकृति की अभिव्यक्ति की निकटता को महसूस करने जा रहा हूँ। पतझड़ और जाड़े के दिनों में मुझे ऐसा करने में बहुत आनंद आता है। यह रही शराब और वह रहा तंबाकू। मेहरबानी से आज की रात मेरे घर को अपना ही घर समझो। "

उसने अपने बदन पर एक काला चोगा लपेटा और मुसकराते हुए आगे कहा, "मेरी विनती है कि सुबह यहाँ से जाते समय दरवाजा बंद कर देना, ताकि कोई इनसान घुस न आए; क्योंकि मैं पवित्र देवदारों के वन में दिन बिताना चाहता हूँ। " फिर वह एक लंबी छड़ी लिये दरवाजे की तरफ बढ़ लिया और उसने अपनी बात खत्म करते हुए कहा, " अगर इस इलाके में रहते हुए तुम्हें तूफान दोबारा फिर कभी चौंका दे तो इस आश्रम में पनाह लेने से संकोच मत करना। मुझे उम्मीद है कि तुम तूफान से डरना नहीं, बल्कि उसे प्यार करना सीख लोगे। शब्बा न खैर, मेरे भाई ! "

उसने दरवाजा खोला और अँधेरे में अपना सिर ऊँचा किए बाहर निकल गया। मैं यह देखने के लिए दरवाजे पर खड़ा हो गया कि वह किस रास्ते गया है; लेकिन वह नजरों से ओझल हो चुका था। कुछ मिनट तक मैंने घाटी के टूटे पत्थरों पर उसके कदमों की आहट सुनी।

सोच-विचार की रात के साथ सुबह आई। तूफान गुजर चुका था, जबकि आसमान साफ था और पहाड़ व मैदान सूरज की गुनगुनी किरणों में उजागर थे।

शहर लौटते समय मैंने उस आत्मिक जागृति को महसूस किया, जिसके बारे में यूसुफ अल फाखरी ने बताया था। यह मेरे वजूद के एक-एक रेशे में मचल रही थी। मुझे लगा, मेरी कँपकँपी अवश्य दिखाई दे रही होगी और जब मैं शांत हुआ तो मुझमें सबकुछ सुंदर और मुकम्मल था।

जैसे ही मैं उन घिनौने लोगों के पास पहुँचा और मैंने उनकी आवाजें सुनीं और उनकी हरकतें देखीं तो मैं रुक गया और मन-ही-मन कहा, हाँ, आत्मिक जागृति मनुष्य के जीवन में सबसे जरूरी चीज है और यह तमाम दुखों में आत्मिक जागृति का एक सर्वोच्च कारण नहीं है। फिर हम विद्यमान पदार्थ से कैसे इनकार कर सकते हैं, जबकि इसकी विद्यमानता ही अभिप्रेत दुरुस्ती में उसकी अनुरूपता का अटल प्रमाण है?

वर्तमान सभ्यता में एक गायब होनेवाला अभिप्राय हो सकता है, लेकिन शाश्वत नियम ने उस अभिप्राय को एक सीढ़ी दी है, जिसके पायदान एक स्वतंत्र सार तक पहुँचा सकते हैं।

मैंने यूसुफ अल फाखरी को फिर कभी नहीं देखा। हालाँकि सभ्यता की बुराइयों का उपचार करने की मेरी कोशिशों की वजह से मुझे उसी साल पतझर के अंतिम दिनों में उत्तर लेबनान से निकाल दिया गया था और मुझे एक दूर देश में रहना पड़ा था, जिसके तूफान घरेलू होते हैं। और उस देश में साधु की जिंदगी जीना एक तरह का गौरवशाली पागलपन है, क्योंकि वहाँ का समाज भी बीमार है।

कब्र खोदनेवाला

रात के भयंकर सन्नाटे में , जब तमाम आसमानी चीजें घने बादलों के लोभी आवरण के पीछेगायब हो चुकी थीं , मैं मौत के पिशाचों की घाटी में अकेला और भयभीत जा रहा था।

आधी रात का समय हुआ और भयानक पंखोंवाले प्रेत मेरे आस- पास कूदने लगे तो मैंने एक बड़े से भूत को आगे खड़े देखा , जो अपनी सम्मोहक वीभत्सता से मुझे मोहित कर रहा था।

उसने गरजते हुए कहा, " तुम्हारा डर दोहरा है। एक डर तो तुम्हें मेरा है। तुम इसे छिपा नहीं सकते, क्योंकि तुम तो मकड़ी के पतले धागे से भी कमजोर हो। तुम्हारा दुनियावी नाम क्या है ? "

मैं एक बड़ी चट्टान से टिक गया। मैंने अपने आपको इस अचानक के झटके से उबारा और एक बीमार - सी काँपती आवाज में जवाब दिया , " मेरा नाम है अब्दुल्ला , जिसका मतलब होता है — अल्ला का गुलाम या परमेश्वर का दास। "

वह कुछ पल खामोश रहा। यह डरानेवाली खामोशी थी। मैं उसके रंग -रूप का आदी हो गया। लेकिन उसके अजीबोगरीब विचारों व बातों ने तथा उसके अजीब विश्वासों और सोच ने मुझे दोबारा हिलाकर रख दिया।

वह बड़बड़ाने लगा, "बहतेरे हैं , जो परमेश्वर के गुलाम हैं। अपने गलामों के साथ परमेश्वर के कष्ट भी कम नहीं हैं। इसकी जगह तुम्हारे पिता ने तुम्हारा नाम दैत्यों का मालिक क्यों नहीं रखा, जिससे धरती की घोर विपत्ति में एक और आपदा तो जुड़ जाती ?

तुम आतंकित होकर अपने पुरखों से मिले तोहफे के छोटे से घेरे से चिपके हो और तुम्हारे कष्ट तुम्हारे माता-पिता के छोड़े हुए हैं और जब तक तुम खुद मुर्दा नहीं हो जाते तब तक तुम मौत के गुलाम बने रहोगे।

" तुम्हारे काम व्यर्थ हैं और परित्यक्त हैं। तुम्हारे जीवन खोखले हैं। सच्चा जीवन कभी तुम्हारे पास नहीं आया, न वह आएगा, न ही तुम्हारा धोखेबाज मन तुम्हारी जीवित मौत को समझेगा। तुम्हारी भ्रमित आँखें लोगों को जिंदगी के तूफान के

आगे काँपता देखती हैं और तुम मानते हो कि वे जिंदा हैं ; जबकि सच में वे अपने पैदा होने के समय से ही मुरदा हैं।

उन्हें दफन करनेवाला कोई नहीं था। तुम्हारे लिए एक अच्छा काम कब्र खोदने का है और इस तरह तुम थोड़े से जीवितों को घरों, रास्तों और गिरजाघरों में लगे लाशों के ढेर से छुटकारा दिलवा सकते हो।"

मैंने एतराज जताया, "मैं ऐसा कोई काम नहीं कर सकता। मेरी पत्नी व बच्चों को मेरे सहारे और मेरे साथ की जरूरत है।"

वह मेरी ओर झुका। उसने अपनी गाँठदार मांसपेशियाँ दिखाई, जो बलूत के एक मजबूत पेड़ की जड़ों जैसी दिखाई देती थीं — जीवन और ऊर्जा से भरपूर। उसने थोड़ा सोचा और फिर पूछा, "तुम्हारा धर्म क्या है?"

मैंने बहादुरी से कह दिया, "मैं परमेश्वर में विश्वास करता हूँ और मैं उसके पैगंबरों का सम्मान करता हूँ। मैं नेकी को पसंद करता हूँ और अनंतकाल में मेरी आस्था है।"

गजब की समझदारी और पक्के विश्वास के साथ उसने जवाब दिया, "ये खोखले शब्द मनुष्य के होंठों पर बीते युगों ने धरे हैं, इल्म ने नहीं। तुम अपने आप में बस अपनी इच्छाओं के अनंत काल में विश्वास करते हो। इनसान ने शुरू से ही अपने आप की इबादत की है और अपने आपको उसने मुनासिब उपाधियों से पुकारा है। यह अभी तक होता आया है, जब उसने उस अपने बाप के लिए 'परमेश्वर शब्द का इस्तेमाल शुरू कर दिया है।"फिर उस दैत्य ने जोर का अट्टहास किया और उसकी गूंज गुफाओं में टकराती रही और उसने ताना मारा, "कितने अजीब हैं वे लोग, जो अपने आपकी इबादत करते हैं, जबकि उनका असली वजूद कुछ भी नहीं बस दुनियाली लोथों का होता है।"।

वह रुका तो मैंने उसकी बातों पर गौर किया और उनके अर्थों पर विचार किया। उसके पास ज्ञान था, जो जिंदगी से ज्यादा अच्छा और मौत से ज्यादा भयानक तथा हकीकत से ज्यादा गहरा था। मैंने डरते-डरते पूछा, "क्या तुम्हारा कोई मजहब, कोई खुदा है?" "मेरा नाम पागल खुदा है।" उसने जवाब दिया, "और मैं हर युग में पैदा हुआ हूँ, और मैं अपने खुद का देवता हूँ। मैं अक्लमंद नहीं हूँ, क्योंकि अक्लमंदी कमजोरों का गुण है। मैं। मजबूत हूँ और धरती मेरे कदमों तले चलती है। जब मैं रुकता हूँ तो सितारों का जुलूस मेरे साथ रुक जाता है। मैं लोगों का मजाक उड़ाता हूँ। मैं रात के दैत्यों के साथ रहता हूँ। मैं जिन्नों के बड़े-बड़े

राजाओं के साथ घुलता-मिलता हूँ। वजूद में होने और न होने के रहस्य मेरे कब्जे में हैं।"

"सुबह मैं सूरज की निंदा करता हूँ। दोपहर में मैं इनसानियत को कोसता हूँ। शाम को मैं कुदरत को डुबोता हूँ। रात में मैं घुटने टेककर अपने आपकी इबादत करता हूँ। मैं कभी सोता नहीं। खाने के लिए अपनी प्यास बुझाने के लिए मैं उनका खून पीता हूँ और उनकी मौत के मय के हाँफने में मैं अपनी साँस लेता हूँ। हालाँकि तुम अपने आपको धोखा देते हो, फिर भी तुम मेरे भाई हो और तुम वैसे ही जी रहे हो जैसे मैं। चले जाओ पाखंडी! रेंगकर वापस धरती में चले जाओ और जीवित मुर्दों में आपने आपको पूजते रहो।"

मैं उस गुफादार घाटी से मदहोश कर देनेवाली हैरानी में लड़खड़ाता हुआ निकला। मेरे कानों ने जो सुना था और मेरी आँखों ने जो देखा था, उस पर मुझे विश्वास ही नहीं हो रहा था। उसने जो सच्ची बातें की थीं, उनमें से कुछ ने मुझे भीषण दर्द दिया था। मैं उस पूरी रात बेचैनी में सोच-विचार करता खेतों में घूमता रहा।

मैंने एक फावड़ा लिया और मन-ही-मन कहा, कब्रों को गहरा खोदो।... अब चलो और जहाँ तुम्हें कोई जीवित मुर्दा मिले, उसे धरती में गाड़ दो।

उस दिन से मैं कब्र खोद रहा हूँ और जीवित मुर्दों को गाड़ रहा हूँ। लेकिन जीवित मुर्दे बहुतेरे हैं और मैं अकेला हूँ। मेरी मदद करनेवाला कोई नहीं है।

कल और आज

साने की जमाखोरी करनेवाला अपने महल के बगीचे में टहल रहा था और उसके साथ साथ उसकी परेशानियाँ भी घूम रही थीं। उसके सिर के ऊपर चिंताएँ ऐसे मँडरा रही थीं जैसे गिद्ध लाश पर मँडराता है। फिर वह संगमरमर की प्रतिमाओं से घिरी एक सुंदर झील पर आ पहुँचा।

वहाँ बैठकर वह उस पानी के विषय में चिंतन करने लगा, जो प्रतिमाओं के मुँह से ऐसे निकल रहा था जैसे किसी प्रेमी की कल्पना से अविरल झरते विचार। उसने अपने महल के बारे में भी गंभीर चिंतन किया, जो किसी कन्या के गाल पर बने पैदाइशी निशान की तरह एक टीले पर विराजमान था। उसकी कल्पना ने उसके आगे उसकी जिंदगी के नाटक के पन्ने खोलकर रख दिए, जिसे उसने आँखों से गिरते आँसुओं के बीच पढ़ा, जो उसकी आँखों को धुंधला कर रहे थे और उसे यह नहीं देखने दे रहे थे कि मनुष्य ने कुदरत में क्या दुर्बल बढ़ोतरी है।

उसने दु:खद खेद के साथ अपने प्रारंभिक जीवन की छवियों को देखा, जिन्हें देवताओं ने एक स्वरूप में ढाल दिया था। फिर एक सीमा के बाद वह अपनी व्यथा को नहीं रोक सका।

उसने जोर से कहा, " कल मैं हरी - भरी घाटी में अपनी भेड़ें चरा रहा था, अपनी बाँसुरी बजा रहा था और मेरा सिर ऊँचा था। आज मैं लालच में कैद हूँ। सोना और अधिक सोने की चाहत की तरफ ले जाता है, फिर बेचैनी की ओर और फिर अंत में दारुण दीनता की ओर। " कल मैं एक गाते हुए पक्षी के समान था। खेतों में इधर से उधर आजादी से उड़ता था।

आज मैं चलायमान दौलत का, समाज के नियमों का, शहर के रिवाजों का और खरीदे हुए दोस्तों का गुलाम हूँ। मैं मनुष्य के विचित्र और संकीर्णनियमों के अनुसार लोगों को खुश कर रहा हूँ। मेरा जन्म इसलिए हुआ था कि मैं आजाद रहूँ और जिंदगी की बहुतायत का आनंद लूँ; लेकिन मैं ऐसा लद् जानवर हो रहा हूँ, जिस पर सोने का इतना बोझ लदा है कि उससे उसकी पीठ ही टूटी जा रही है।

" कहाँ हैं वे विशाल मैदान, गाते झरने, शुद्ध समीर, प्रकृति की नजदीकी ? कहाँ है मेरा इष्ट ?

सबकुछ खो दिया मैंने! कुछ भी नहीं बचा! अकेलापन है, जो मुझे उदास करता है ; सोना है ,जो मेरा मजाक उड़ाता है; गुलाम हैं , जो मेरी पीठ पीछे मुझे कोसते हैं और एक महल है, जिसे मैंने मेरी खुशी का मकबरा बनाया है तथा जिसकी विशालता को मैंने अपना दिल दे दिया है।

" कल मैं बद्दू (खानाबदोश अरबवासी) की बेटी के साथ घास के मैदानों और पहाड़ियों में घूमता था। नेकी हमारी साथी होती थी , प्यार हमारा आनंद होता था और चंद्रमा हमारा संरक्षक। आज मैं छिछली सुंदरता वाली औरतों के बीच हूँ , जो सोने और हीरे के बदले अपने आपको बेच देती हैं।

" कल मैं बेफिक्र था , चरवाहों के साथ जिंदगी की सारी खुशी लेता था। दिली हकीकत के संगीत के साथ उनके साथ -साथ खाता था , खेलता था , काम करता था , गाता था और नाचता था। आज मैं लोगों के बीच खुद को ऐसे पाता हूँ जैसे भेड़ियों के बीच एक भयभीत मेमना! जब मैं सड़क पर चलता हूँ तो वे नफरत भरी आँखों से मुझे ताकते हैं और घृणा व ईर्ष्या से मेरी तरफ इशारा करते हैं। जब मैं बगीचे से चोरी -चोरी निकलता हूँ तो मुझे त्योरियाँ चढ़ाए चेहरे मेरे हर ओर दिखाई देते हैं।

"कल मेरे पास खुशी थी तो मैं अमीर था , आज मेरे पास सोना है और मैं गरीब हूँ।

"कल मैं एक प्रसन्न चरवाहा था और अपने झुंड को ऐसे देखता था जैसे एक कृपालु राजा आनंदित होकर अपनी संतुष्ट प्रजा को देखता है। आज मैं गुलाम बना अपनी दौलत के आगे खड़ा हूँ। अपनी उसी दौलत के आगे, जिसने मुझसे जीवन का वह सौंदर्य लूट लिया है, जिसे कभी मैं जानता था।

"मुझे माफ करना , मेरे न्यायकर्ता! मुझे नहीं पता था कि दौलत मेरी जिंदगी को तार -तार कर देगी और मुझे कठोरता व नासमझी की कालकोठरी में पहुँचा देगी । मैंने तो सोचा था कि यश- महिमा कुछ नहीं, बस एक शाश्वत नरक है। "

उसने क्लांति से अपने आपको संयत किया और धीरि - धीरि महल की ओर चल दिया। वह आह भरता और बार - बार कहता जाता था , " क्या यही है, जिसे लोग दौलत कहते हैं ? क्या यह वह देवता है जिसकी सेवा और पूजा मैं कर रहा हूँ ? क्या यही चाहता हूँ मैं धरती से ?

क्यों इसके बदले संतोष का एक कण नहीं ले सकता मैं ? कौन बेचेगा मुझे एक टन सोने में एक सुंदर सा विचार ? कौन देगा मुझे मुट्ठी भर रत्नों के बदले प्यार

का एक पल ? कौन है, जो मुझे ऐसी आँख दे दे, जो दूसरों के दिलों को देख सके और बदले में मेरा सारा खजाना ले ले ? "

महल के दरवाजे पर पहुँचकर उसने शहर की तरफ पलटकर ऐसे देखा जैसे यिर्मयाह (बाइबिल के एक प्रमुख पैगंबर — मो . मा .) ने येरूशलम को देखा था । उसने दु: खद विलाप करते हुए अपने हाथ उठाए और चिल्लाकर कहा, " हे घृणित शहर के लोगों! तुम जो अंधकार में रहते , तेजी से दीनता की ओर जाते , जो झूठ का उपदेश देते और मूर्खता में लते हो , कब तक अज्ञानी रहोगे तुम ? कब तक जिंदगी की गंद में रहोगे और उसके बगीचों को छोड़ते रहोगे तुम ? क्यों तुम संकीर्णता के फटे- चीथड़े पहनते हो , जबकि प्रकृति की सुंदरता का रेशमी वस्त्र तुम्हारे लिए ही बना है ? ज्ञान के दीपक की लौ टिमटिमा रही है; समय आ गया है कि इसमें तेल डाला जाए । सच्चे नसीब का घर तोड़ा जा रहा है; समय आ गया है कि उसे फिर से बनाया जाए और उसकी हिफाजत की जाए। अज्ञान के चोरों ने म्हारी शांति के खजाने को चुरा लिया है; इसे दोबारा हासिल करने का समय आ गया उसी पल एक गरीब आदमी उसके आगे आकर खड़ा हो गया और उसने भीख के लिए अपना हाथ फैला दिया ।

उसने भिखारी को देखा तो उसके होंठ खुल गए । उसकी आँख कोमलता से चमक उठी और उसका चेहरा दयालुता से दमकने लगा । ऐसा लगा कि झील के किनारे जिस कल का शोक किया था , वही कल उसका अभिवादन करने आया था । उसने उस कंगाल को प्यार से गले लगा लिया और सोने से उसकी मुट्ठी भर दी और प्रेम की मधुरता से भरे निश्छल स्वर में उसने कहा , "कल फिर आना और अपने साथ अपने पीड़ित साथियों को भी लाना। तुम्हारा सबकुछ तुम्हें वापस मिल जाएगा। " और वह यह कहते हुए अपने महल में दाखिल हुआ कि "जिंदगी में सबकुछ अच्छा है, सोना भी , क्योंकि यह सबक सिखाता है । पैसा एक तारदार बाजे के समान है; जो इसे ठीक से बजाना नहीं जानता , उसे बस बेसुरा संगीत ही सुनाई देता है । पैसा प्यार की तरह होता है; जो इसे रोककर रखता है , उसे यह धीरि - धीरि कष्ट देकर मार डालता है और जो इसे अपने साथियों को देता है, उसे यह जीवंत कर देता है। "

शैतान

लाग फादर समाँ को आत्मिक और धार्मिक मामलों में अपना मार्गदर्शक मानते थे, क्योंकि साधारण व घातक गुनाहों के विषय पर उनका अधिकार था और उन्हें इनकी गहरी जानकारी थी , और स्वर्ग, नरक व शुद्धिलोक के रहस्यों पर अच्छी पकड़ थी।

उत्तरी लेबनान में फादर समाँ का मकसद था एक गाँव से दूसरे गाँव जाना, लोगों को उपदेश देना और उन्हें शैतान के भयानक फंदे से बचाना । पूज्य फादर ने शैतान के खिलाफ अनवरत जंग छेड़ी हुई थी। किसान लोग इस पुरोहित का आदर व सम्मान करते थे और सोने - चाँदी के बदले उनकी सलाह लेने और उनसे दुआ करवाने को हमेशा उत्सुक रहते थे तथा हर फसल के मौके पर वे उन्हें अपने खेतों का सबसे उम्दा फल भेंट करते थे।

शिशिर की एक शाम जब फादर समाँ उन घाटियों और पहाड़ियों को पार करते हए एक एकांत गाँव की ओर जा रहे थे तो उन्हें सड़क के किनारे एक गड्ढे से आती एक दर्द भरी चीख सुनाई दी । उन्होंने रुककर उस तरफ देखा, जिधर से आवाज आई थी । उन्हें एक निर्वस्त्र व्यक्ति जमीन पर पड़ा दिखाई दिया। उसके शरीर से खून की धाराएँ बह रही थीं और वह करुण स्वर में मदद की गुहार लगा रहा था , " मुझे बचा लो , मेरी मदद करो। मुझ पर रहम करो, मैं मर रहा हूँ। "

फादर समाँ ने परेशान होकर पीड़ित को देखा और मन - ही -मन कहा, यह आदमी जरूर कोई चोर होगा । उसने शायद राहगीरों को लूटने की कोशिश की और नाकाम रहा। किसी ने उसे घायल कर दिया है और मुझे डर है कि अगर वह मर गया तो उसकी जान लेने का इलजाम मुझ पर लग सकता है ।

इस तरह स्थिति पर विचार करने के बाद वह अपने सफर पर आगे बढ़ने लगे तो उस मरते आदमी ने यह कहते हुए उन्हें रोक लिया कि "मुझे छोड़कर मत जाओ! मैं मर रहा हूँ ! मैं मर रहा हूँ ! "

तब फादर ने दोबारा सोचा और उनका चेहरा इस अहसास से पीला पड़ गया कि वह मदद से इनकार कर रहे थे। उनके होंठ काँपने लगे , लेकिन उन्होंने मन - ही - मन कहा , यह जरूर उन पागलों में से होगा जो उन बीहड़ों में घूमते रहते हैं।

उसके घाव देखकर मेरे दिल में डर पैदा हो रहा है; क्या करूँगा मैं ? बेशक , आत्माओं का डॉक्टर घायल शरीरों का इलाज तो नहीं कर सकता। फादर समाँ आगे कुछ ही कदम चले कि लगभग लाश बन चुके उस शख्स के मुँह से दर्द भरी गिड़गिड़ाहट निकली, जिसने पत्थर का दिल पिघला दिया। उसने हाँफते हुए कहा, " मेरे पास आओ! क्योंकि हम बहुत दिनों तक दोस्त रहे हैं। तुम फादर समा हो। अच्छा चावाहा हो और मैं तुम्हें बताऊँगा कि मैं कौन हूँ। "

फादर समाँ उस आदमी के पास आए और उन्होंने घुटनों के बल बैठकर उसे गौर से देखा , लेकिन उन्हें विरोधी खूबियोंवाला एक अजीब चेहरा दिखाई दिया। उन्हें कुरूपता दिखाई दी और कोमलता के साथ दुष्टता दिखाई दी। वह तेजी से पीछे हट गए और विस्मय से बोले, " कौन हो तुम ? "

डूबती आवाज में उस मरणासन्न व्यक्ति ने कहा " डरो मत फादर , क्योंकि हम बहुत दिनों तक दोस्त रहे हैं। मुझे खड़े होने में मदद करो और मुझे नजदीक की धारा के पास ले चलो " फादर ने पूछा, " यह बताओ तुम हो कौन ? क्योंकि मैं तुम्हें नहीं जानता और मुझे यह भी याद नहीं कि मैंने तुम्हें देखा है। "

उस आदमी ने दर्द भरी आवाज में जवाब दिया , " तुम मुझे पहचानते हो। तुमने मुझे हजार बार देखा है और तुम हर दिन मेरी बात करते हो। मैं तुम्हें तुम्हारी जान से भी ज्यादा प्यारा हूँ। "

फादर ने उसे फटकार लगाई , " तुम झूठे ठग हो। मरते हुए व्यक्ति को सच बोलना चाहिए। तुम्हारी गंदी सूरत मैंने अपनी पूरी जिंदगी में कभी नहीं देखी। बताओ, तुम कौन हो , नहीं तो मैं तुम्हें तुम्हारी ही भागती जिंदगी में भीगा मरने के लिए छोड़ दूंगा। "

घायल शख्स धीरे - धीरे चलता हुआ आया और उसने पुरोहित की आँखों में आँखें डालकर देखा और उसके चेहरे पर एक रहस्य भरी मुसकान आ गई और एक शांत , गहरी और नरम आवाज में उसने कहा , " मैं शैतान हूँ। "

यह डरावने शब्द सुनकर समाँ के मुँह से एक भयानक चीख निकल गई, जिसने दूर - दूर तक घाटी के कोनों को हिला दिया। फिर उन्होंने गौर से देखा और उन्हें यह अहसास हो गया कि इस मरते व्यक्ति का वीभत्स विकृत शरीर संयोग से गाँव के गिरजाघर की दीवार पर टंगी एक धार्मिक तसवीर में बने शैतान से मेल खाता था। वह काँपने लगे और चीख पड़े। वह बोले , " परमेश्वर ने मुझे तुम्हारी नरक जैसी छवि दिखा दी है! लानत हो तुम पर हमेशा - हमेशा के लिए! चरवाहे को

चाहिए कि वह बीमार मेमने को हर हाल में खत्म कर दे, कहीं उससे दूसरे मेमनों को छूत न लग जाए।"

शैतान ने जवाब दिया, "जल्दबाजी मत करो और इस भागते समय को बेकार की बातों में मत गँवाओ। आओ और मेरे घावों को जल्दी से बंद कर दो, इससे पहले कि मेरे शरीर से जान निकल जाए।"

पुरोहित ने पलटकर कहा, "जो हाथ हर दिन परमेश्वर को आहुति देते हैं, वे नरक के रिसाव से बने किसी शरीर को नहीं छुएँगे तुम्हें युगों के शाप तले मरना ही होगा, क्योंकि तुम इनसानियत के दुश्मन हो और तुम कसम खाकर नेकी को खत्म करने का अपना मकसद बना चुके हो।"

शैतान ने पीड़ा में हरकत की और एक कुहनी पर उठते हुए जवाब दिया, "तुम्हें पता नहीं, तुम कह क्या कह रहे हो! तुम यह भी नहीं समझ रहे कि तुम अपने ऊपर क्या गुनाह कर रहे हो। गौर से सुनो, क्योंकि मैं अपनी कहानी सुनाऊँगा। आज मैं उस अकेली घाटी में अकेला जा रहा था। जब मैं इस जगह पहुँचा तो कुछ फरिश्ते मुझ पर वार करने के लिए उतर आए और उन्होंने मुझे बुरी तरह से मारा। अगर उनमें से एक के पास एक लपलपाती दुधारू तलवार न होती तो मैंने उन्हें खदेड़ दिया होता; लेकिन मेरे पास उस लपलपाती तलवार से निपटने लायक ताकत नहीं थी।" उसने आगे बोलना जारी रखा, "वह हथियारबंद फरिश्ता — मैं तो मानता हूँ वह मीकाएल ही था — वह एक प्रवीण योद्धा था।

अगर मैं इस हितैषी धरती पर गिर न गया होता और मैंने मर जाने का नाटक न किया होता तो वह मुझे फाड़कर वहशी मौत के हवाले कर देता।"

विजयी स्वर में अपनी आँखें आसमान की ओर उठाए फादर ने कहा, "धन्य हो नाथ मीकाएल, जिसने मानवता को इस दुष्ट दुश्मन से बचाया है।"

शैतान ने यह कहते हुए उसका विरोध किया, "क्योंकि मानवता तुम्हारे प्रति तुम्हारी घृणा से बढ़कर नहीं हैं तुम मीकाएल को असीस बोल रहे हो, जो कभी तुम्हें बचाने नहीं आया...मुझे तुम मेरी हार की घड़ी में कोस रहे हो, हालाँकि मैं तुम्हारी शांति और सुख का स्रोत था और आज भी हूँ, तुम मुझे अपनी असीस नहीं देते, और मुझ पर अपनी कृपा नहीं करते, लेकिन तुम मेरे ही वजूद के साए में जीते और फूलते-फलते हो। तुमने मेरे वजूद के लिए एक बहाना बना लिया है और तुम अपने कर्मों को उचित ठहराने के लिए मेरे नाम का इस्तेमाल करते हो। क्या मेरे अतीत ने तुम्हें मेरे वर्तमान और भविष्य का जरूरतमंद नहीं बनाया? क्या

तुमने जरूरी दौलत जमा कर अपने लक्ष्य को पा लिया है ? क्या तुम्हें अपने अनुयायियों को मेरे राज्य का डर दिखाकर उनसे और ज्यादा सोना - चाँदी ऐंठना असंभव लगा है?

" क्या तुम समझ नहीं रहे कि अगर मैं मर गया तो तुम भूखे मर जाआगे ? अगर आज तुमने मुझे भूखे मरने दिया तो कल तुम क्या करोगे ? अगर मेरा नाम मिट गया तो तुम कौन सा काम करोगे ? दसियों साल से तुम इन गाँवों में घूम - घूमकर लोगों को आगाह कर रहे हो कि वे मेरे चंगुल में न पड़ें । उन्होंने अपनी थोड़ी - बहुत पूँजी (दीनारों) और अपनी जमीन की पैदावार से तुम्हारी सलाह का मोल चुकाया है। कल अगर उन्हें पता चलता है कि उनका दुष्ट दुश्मन नहीं रहा तो वे तुमसे क्या खरीदेंगे ? मेरे साथ तुम्हारा काम भी खत्म हो जाएगा, क्योंकि लोग पाप से महफूज हो जाएँगे। एक पुरोहित की हैसियत से क्या तुम्हें यह एहसास नहीं होता कि यह बस शैतान का वजूद ही है, जिसने अपने दुश्मन यानी चर्च को पैदा किया है ? पुराने समय से चला आ रहा यह झगड़ा ही वह गुप्त हाथ है, जो आस्थावानों की जेब से सोना - चाँदी निकालता और उसे हमेशा के लिए उपदेशक व मिशनरी के बटुए में डाल देता है। तुम मुझे यहाँ मरने कैसे दे सकते हो , जबकि तुम्हें पता है कि इससे तुम्हारी प्रतिष्ठा, तुम्हारा चर्च, तुम्हारा घर और तुम्हारी रोजी - रोटी भी चली जाएगी ? "

शैतान एक पल के लिए खामोश हो गया । उसकी विनम्रता ने अब एक विश्वास- युक्त स्वतंत्रता का रूप ले लिया था । उसने अपनी बात आगे बढ़ाई, " फादर , तुम अभिमानी किंतु अज्ञानी हो । मैं तुम्हें विश्वास का इतिहास बताऊँगा और इसमें तुम्हें वह सत्य मिलेगा, जो हम दोनों के वजूद को जोड़ता है तथा मेरे अस्तित्व को तुम्हारे विवेक से बाँधता है ।

" समय की शुरुआत की पहली घड़ी में मनुष्य सूर्य के आगे खड़ा हुआ । उसने अपनी बाँहें फैलाई और पहली बार विलाप किया । उसने कहा , आसमान के पीछे एक महान् व प्रेम करनेवाला और उदार परमेश्वर है । फिर मनुष्य ने प्रकाश के विशाल चक्र की ओर अपनी पीठ फेरी और धरती पर अपनी छाया देखी और उसका स्वागत किया । धरती की गहराइयों में एक मलिन दुष्टात्मा है, जो दुष्टता को पसंद करता है। उसने कहा। "मनुष्य अपनी गुफा की ओर चला और मन - ही - मन कहता गया , मैं दो जबरदस्त ताकतों के बीच हूँ। एक वह जिसमें मुझे पनाह लेनी है और एक वह जिससे मुझे जूझना है। और युग पर युग निकलते गए, जबकि मनुष्य उन दो ताकतों के बीच बना रहा, एक तो वह जिसे वह असीसता था ,

क्योंकि उसमें उसे आनंद प्राप्त होता था और एक वह जिसे वह कोसता था , क्योंकि उससे वह भयभीत होता था लेकिन असीसने या आशीष और कोसने या शाप का मतलब वह कभी नहीं समझ पाया। दोनों के बीच वह पेड़ के समान था , जो एक ग्रीष्म और शीत के बीच स्थित मृत में जो फूलता और दूसरी में काँपता है।

"जब मनुष्य ने सभ्यता की उदय बेला देखी, जो इनसानी समझ है, तब एक इकाई के रूप में परिवार अस्तित्व में आया। तब कबीले आए , जिससे योग्यता और लक्षण के अनुसार श्रम का विभाजन हुआ। एक कुटुंब ने जमीन जोती , दूसरे ने बसेरे बनाए, अन्य ने कपड़े बुने या खाने के लिए शिकार किया। उसके बाद धरती पर दैवी विद्या (सगुन , विचार, भविष्य बताना आदि) आई। और यह मनुष्य द्वारा अपनाया गया पहला व्यवसाय था , जिसमें किसी अनिवार्य आंतरिक इच्छा या आवश्यकता का कोई काम नहीं था। "

शैतान एक पल को खामोश हो गया। फिर वह ऐसे हँसा कि उसकी खुशी ने उसे अपने घावों की याद दिला दी और दर्द से व्याकुल होते हुए उसने अपनी बगल पर हाथ रखा। अपने आपको सँभालते हुए उसने आगे बोलना जारी रखा , " दैवी विद्या धरती पर आई और अजीब तरीके से फैल गई।

" पहले कबीले में ला विस नाम का एक शख्स था। मुझे नहीं पता उसका यह नाम कैसे पड़ा !

वह एक बुद्धिमान प्राणी था , लेकिन था बेहद आलसी और उसे जमीन जोतने , बसेरा बनाने, मवेशी चराने और ऐसे किसी भी काम से चिढ़ थी , जिसमें शरीर को हिलाना डुलाना या कष्ट देना पड़ता था। लेकिन उस युग में बिना मेहनत किए खाना मिलना तो संभव था नहीं, इसलिए ला विस को कई - कई रात भूखे पेट ही सोना पड़ता था।

" ग्रीष्म की एक रात जब उस कुटंब के लोग अपने मुखिया की झोंपड़ी के पास जमा होकर अपने दिन भर के कामकाज के बारे में बतियाते हुए सोने के समय का इंतजार कर रहे थे कि तभी एक आदमी उछलकर अपने पैरों पर खड़ा हो गया और चाँद की तरफ इशारा करके चिल्लाने लगा, ' रात के परमेश्वर को देखो ! उसका चेहरा काला पड़ गया है। उसकी सुंदरता गायब हो गई है और वह आसमान के कंगूरे में लटकता एक काला पत्थर बन गया है। वहाँ जमा लोगों ने चाँद को देखा, विस्मय में चीख पड़े और डर के मारे काँपने लगे , मानो अँधेरे के हाथों ने उनके दिल को जकड़ लिया हो , क्योंकि वे रात के परमेश्वर को धीरि- धिरि एक

काली गेंद बनते देख रहे थे, जिसने धरती के उजले मुख को ही बदल दिया था और पहाड़ियों व घाटियों को उनकी आँखों के सामने ही एक काली चादर के पीछे गायब कर दिया था।

" उस पल ला विस उस मौके का फायदा उठाने के लिए आगे आया , क्योंकि वह पहले भी ग्रहण देख चुका था और उसके आसान से कारण को समझता था। वह उस जमघट के बीच में खड़ा हो गया। उसने अपने हाथ आसमान की तरफ उठाए और दृढ़ आवाज में उनसे कहा , घुटने टेको और प्रार्थना करो, क्योंकि छिपाव का दुष्ट परमेश्वर रात के उजाला करनेवाले परमेश्वर से लड़ रहा है। अगर दुष्ट परमेश्वर ने उसे हरा दिया तो हम सब नष्ट हो जाएँगे , लेकिन अगर रात का परमेश्वर उससे जीत गया तो हम जिंदा रहेंगे। अब प्रार्थना और पूजा करो। अपने चेहरों को मिट्टी से ढंक लो। अपनी आँखें बंद कर लो और आसमान की तरफ आँखें उठाकर मत देखना , क्योंकि जो कोई भी दो देवों को लड़ते देखेगा , उसकी आँखें और दिमाग जाता रहेगा और वह सारी जिंदगी अंधा व पागल ही रहेगा।

अपने सिर झुका लो , अपने पूरे दिल से रात के परमेश्वर को उसके शत्रु के खिलाफ उत्साहित करो, जो हमारा भी पक्का दुश्मन है।

" इस तरह ला विस बोलता रहा। अपने गढ़े तमाम गूढ़ शब्दों का इस्तेमाल करता रहा, जो उन्होंने कभी नहीं सुने थे। इस धूर्तता भरे छल के बाद जब चाँद अपने पहलेवाले गौरव में लौट आया तो ला विस ने अपनी आवाज पहले से तेज कर दी और असरदार ढंग से कहा , ' अब उठ जाओ और रात के परमेश्वर को देखो , जिसने अपने दुष्ट दुश्मन पर जीत हासिल कर ली है। वह सितारों के बीच अपना सफर फिर से शुरू कर रहा है। यह जान लो कि अपनी प्रार्थनाओं से तुमने उसे अंधकार के दुष्टात्मा को हराने में मदद की है। अब वह बहुत प्रसन्न है और पहले से ज्यादा चमकदार है।

" उन लोगों ने उठकर चाँद को देखा, जो अपनी पूरी आभा में था। उनका डर शांति में बदल गया और उनका भ्रम अब आनंद में तब्दील हो गया। वे नाचने - गाने और अपनी छड़ियों को हे की चादरों पर मारने लगे। उन्होंने घाटियों को अपने शोर - शराबे से भर दिया।

" उस रात कबीले के सरदार ने ला विस को बुलाया और उससे बात की । उसने कहा, तुमने वह किया है, जो आज तक किसी आदमी ने नहीं किया । तुमने एक गुप्त रहस्य के ज्ञान का प्रदर्शन किया है, जिसे हममें कोई और नहीं समझता। मेरे

लोगों की इच्छा के मुताबिक तुम इस कबीले में मेरे बाद सबसे ऊँचे पद पर होगे। मैं सबसे ताकतवर आदमी हूँ और तुम सबसे बुद्धिमान व ज्ञानी व्यक्ति हो । तुम हमारे लोगों और देवों के बीच एक माध्यम हो , जिनकी इच्छाओं व कर्मों का मतलब तुम्हें बताना है और तुम हमें वे बातें सिखाओगे, जो उनके आशीर्वाद और प्यार को पाने के लिए जरूरी हैं ।

" और ला विस ने छलपूर्वक यह आश्वासन दिया कि इनसानी परमेश्वर मेरे दैवी सपनों में जो कुछ भी प्रकट करेगा, उस सबको मैं जागने पर आपको बताऊँगा और आप विश्वास कर सकते हैं कि मैं आपके और उसके बीच सीधे काम करूँगा। सरदार आश्वस्त हो गया और उसने ला विस को 2 घोड़े, 7 बछड़े, 70 भेड़ें व 70 मेमने दिए और उससे कहा, कबीले के आदमी तुम्हारे लिए एक पक्का मकान बनाएँगे , और हम तुम्हें हर फसल के अंत में फसल का एक हिस्सा देंगे, ताकि तुम एक माननीय व आदरणीय स्वामी के समान रह सको। " ला विस उठा और चलने लगा । लेकिन सरदार ने उसे यह कहकर रोक लिया कि वह कौन और क्या है, जिसे तुम इनसानी परमेश्वर कहते हो ? यह दुस्साहसी परमेश्वर कौन है, जो रात के महिमावान परमेश्वर से लड़ता है ? हमने पहले तो उसके बारे में कभी नहीं सोचा। ला विस ने अपना माथा रगड़ा और उसे यह कहते हुए जवाब दिया , मेरे माननीय स्वामी , प्राचीन काल में मनुष्य की उत्पत्ति से पहले सारे परमेश्वर सितारों की विशालता के पीछे एक ऊपरी जगत् में शांति से साथ - साथ रह रहे थे। परमेश्वरों का परमेश्वर उनका पिता था और वह जानता था , जो वे नहीं जानते थे और वह करता था , जो वे नहीं कर सकते थे।

अपने पास उसने वे सदस्य रख छोड़े थे, जो शाश्वत नियमों के परे थे। बारहवें युग के सातवें काल में परमेश्वर से घृणा करनेवाले बहतार की आत्मा ने विद्रोह कर दिया और अपने पिता के आगे खड़े होकर उसने कहा, आपने सभी प्राणियों पर हुक्म चलाने का बड़ा अधिकार अपने पास क्यों रखा हुआ है और तमाम कायनात के रहस्यों और नियमों को हमसे छिपा लिया है? क्या हम आपके बच्चे नहीं हैं। जो आपमें विश्वास करते और आपके साथ महान् समझ एवं अनवरत वजूद को साझा करते हैं ?

" परमेश्वरों का परमेश्वर आगबबूला हो गया और बोला, मैं प्रमुख सत्ता और महान् धिकार और जरूरी रहस्यों को अपने ही पास सुरक्षित रखूगा , क्योंकि मैं ही आदि व अंत हूँ।

" और उसके जवाब में बहतार ने कहा, अगर आप अपनी ताकत और सत्ता को मेरे साझा नहीं करते तो मैं व मेरे बच्चे और मेरे बच्चों के बच्चे आपके खिलाफ बगावत करेंगे। उस पल परमेश्वरों के परमेश्वर ने अथाह स्वर्ग में अपने सिंहासन पर खड़े होकर तलवार खींची, सूरज को ढाल बनाया, अनंत के तमाम कोनों को कँपा देनेवाली आवाज में चिल्लाकर कहा, उतर जाओ दुष्ट विद्रोही, उस अँधेरे अधोलोक में, जहाँ अँधेरा और क्लेश है। वहाँ तुम निर्वासन में रहोगे और तब तक भटकते रहोगे जब तक सूरज राख नहीं बन जाता और सितारे जर्रा-जर्रा होकर बिखर नहीं जाते ! उस घड़ी बहतार उस उच्च लोक से उतरकर अधोलोक में आ गया, जहाँ तमाम बुरी आत्माएँ रहती हैं। उसने जीवन के रहस्य की कसम खाई कि वह अपने पिता एवं भाइयों से लड़ेगा और उसके लिए उन्हें प्यार करनेवाली हरेक आत्मा को अपने फंदे में फँसाएगा।

" मुखिया ने यह सब सुना तो उसके माथे पर बल पड़ गए और उसका चेहरा पीला पड़ गया। उसने कहा, तो बुरे परमेश्वर का नाम बहतार है ? और ला विस ने जवाब दिया, जब वह उच्च लोक में था तब उसका नाम बहतार था, लेकिन जब वह अधोलोक में आया तो उसने बदल-बदलकर अपना नाम बालजबूल, सतनैल, बलियाल, जमीएल, मार, अबदोन, डेविल और अंत में शैतान रखा, जो सबसे ज्यादा मशहूर है।

" मुखिया ने काँपते स्वर में कई बार शैतान शब्द दोहराया, जैसे हवा चलने से सूखी डालियाँ सरसरा रही हों। फिर उसने पूछा, शैतान मनुष्य से भी उतनी ही घृणा क्यों करता है जितनी देवों से ?

" ला विस ने तुरंत जवाब दिया, वह मनुष्य से इसलिए घृणा करता है क्योंकि मनुष्य शैतान के भाई-बहनों का वंशज है। मुखिया ने विस्मय से कहा, तब तो शैतान भी मनुष्य का रिश्ते का भाई हुआ। भ्रम और अप्रसन्नता के मिले-जुले स्वर में उसने पलटकर कहा, हाँ मालिक, लेकिन वह उनका बड़ा दुश्मन है। उनके दिलों में क्लेश-दीनता और उनकी रातों में भयानक स्वप्न भर देता है। वही वह ताकत है जो तूफान को उनकी झोंपड़ियों की तरफ मोड़ देता है, उनके जानवरों पर बीमारी भेज देता है। वह एक बुरा और ताकतवर देव है। वह दुष्ट है। हमारे दु:ख में वह आनंदित होता है और हमारे आनंदित होने पर वह शोक करता है। मेरे पास जो ज्ञान है, उसके माध्यम से हमें उसकी अच्छी तरह से जाँच करनी होगी, ताकि उसकी दुष्टता से बच सकें। हमें उसके चरित्र की जानकारी लेनी होगी, ताकि हम उसके बिछाए फंदे में न आ फँसें।

" मुखिया ने अपनी मोटी घड़ी पर अपना सिर टेक दिया और बहुत ही धीमी आवाज में कहा, अब मैं अजीब ताकत के अंदरूनी रहस्यों के बारे में जान गया हूँ, जो तूफान को हमारे घरों की तरफ मोड़ देता है और हमारे ऊपर तथा हमारे जानवरों पर बीमारी भेज देता है। मैंने अभी जो समझा है, उस सबको लोग जान जाएँगे और ला विस इसलिए धन्य, सम्मानित और महिमामंडित होगा, क्योंकि उसने उनके आगे ताकतवर दुश्मन के रहस्य को उजागर किया है और उन्हें दुष्टता के रास्ते से हटा दिया है।

“और ला विस ने कबीले के मुखिया से विदा ली तथा अपने स्थान को चल दिया। वह अपनी चतुराई पर खुश था। अपने आनंद और कल्पना के मद में चूर था। पहली बार सिवाय ला विस के मुखिया और पूरे कबीले ने अपनी रात भयानक भूतों, डरावने प्रेतों और अशांत कर देनेवाले सपनों से घिरे सेजों पर सोते हुए बिताई।”

शैतान एक पल को खामोश हो गया और फादर समाँ हैरान होकर उसे ताकते रहे। फादर के होंठों पर मौत की घिनौनी हँसी आ गई।

शैतान ने आगे कहा, “इस तरह दैवी विद्या इस धरती पर आई और इस तरह मेरा वजूद इसके आने का सबब बना। ला विस पहला व्यक्ति था, जिसने मेरी क्रूरता को अपना व्यवसाय बनाया। ला विस के मरने के बाद यह व्यवसाय उसके बच्चों के जरिए आगे बढ़ा और फैला और करते-करते एक मुकम्मल व दैवी व्यवसाय बन गया, जिसे उन लोगों ने किया, जिनके दिमाग ज्ञान से परिपक्व होते हैं और जिनकी आत्माएँ नेक हैं और जिनके हृदय शुद्ध हैं तथा जिनकी कल्पना व्यापक है।

" बेबिलोन में लोगों ने उस पुरोहित को पूजा के समय सात बार शीश नवाया, जो अपने जाप से मुझसे लड़ा था।निनवे में लोग उस आदमी को परमेश्वर और मनुष्य के बीच की सुनहरी कड़ी मानते थे, जो मेरे गुप्त रहस्य का दावा करते था। तिब्बत में लोग उस व्यक्ति को सूर्य और चंद्रमा का पुत्र कहते थे। जो मुझसे लड़ा था बिबलुस, इफिसुस और अतांकिया शहरों में वे मेरे विरोधियों के आगे अपने बच्चों की बलि देते थे... यरूशलम और रोम में, उन्होंने अपनी जिंदगी उन लोगों के हाथों में दे दी, जो यह दावा करते थे कि वे मुझसे घृणा करते थे और पूरी ताकत से मुझसे लड़ते थे।

" दुनिया के हर शहर में मेरा नाम धर्म, कला और दर्शन की शिक्षा के केंद्र में था। अगर मैं नहीं होता तो कोई मंदिर नहीं बनता, किसी बुर्ज या महल का निर्माण

नहीं होता। मैं वह साहस हूँ, जो मनुष्य में संकल्प पैदा करता हूँ। मैं वह स्रोत हूँ, जो चिंतन की मौलिकता को प्रेरित करता है। मैं वह हाथ हूँ, जो मनुष्य के हाथों को चलाता है। मैं चिरस्थायी शैतान हूँ।

मैं वह शैतान हूँ, जिससे लोग इसलिए लड़ते हैं, ताकि वे जीवित रह सकें। अगर वे मुझसे जूझना छोड़ देंगे तो उनकी जबरदस्त भ्रांति की अजीबोगरीब सजाओं के अनुसार आलस्य उनके दिल-दिमाग और आत्माओं को कुंद कर देगा।

मैं क्रुद्ध व खामोश तूफान हूँ, जो आदमी के मन और औरतें के दिलों को अशांत कर देता है। और मेरे डर से वे मेरी निंदा करने के लिए पूजा-स्थलों में जाते हैं, या मेरी इच्छा के आगे समर्पण करके मुझे प्रसन्न करने के लिए बुराइयों के अड्डों में जाते हैं। जो साधु मुझे अपनी सेज से दूर रखने के लिए रात की खामोशी में प्रार्थना करता है, वह उस वेश्या के समान है, जो मुझे अपने कोठे में आमंत्रित करती है। मैं शैतान हूँ, हमेशा रहनेवाला और अनंत।

मैं डर की नींव पर साधुओं और साध्वियों के मठों को बनानेवाला हूँ। मैं वासना और आत्मसंतुष्टि की नींव पर शराब की दुकानें और बुराई के अड़े बनाता हूँ। अगर मेरा वजूद मिट गया तो दुनिया से डर और आनंद-भोग ही खत्म हो जाएगा और उनके खत्म हो जाने से मानव-हृदय में इच्छाओं व आशाओं का अस्तित्व भी नहीं रहेगा। जिंदगी सूनी और बेजान हो जाएगी — टूटे तारोंवाली वीणा की तरह। मैं शैतान हूँ, हमेशा रहनेवाला।

"झूठ, निंदा, विश्वासघात, धोखा और उपहास के पीछे की प्रेरणा मैं ही हूँ; और इस दुनिया से ये तत्त्व निकाल दिए जाएँ तो मानव समाज एक उजाड़ खेत बन जाएगा, जिसमें बस नेकी के काँटे उगेंगे और कुछ नहीं। मैं शैतान हूँ, हमेशा रहनेवाला।

"मैं पाप का पिता हूँ और माँ भी। अगर पाप गायब हो गया तो पाप से लड़ने वाले भी उसके साथ गायब हो जाएँगे और साथ में उनके परिवार व बच्चे भी।

"मैं तमाम बुराई का हिता हूँ। क्या तुम चाहोगे कि मेरे दिल की धड़कन रुकने से मनुष्य की गति भी रुक जाए? क्या तुम कारण को नष्ट करने के बाद उसके परिणाम को स्वीकार करोगे? कारण मैं ही हूँ! क्या तुम मुझे इस उजाड़ बीहड़ में मर जाने दोगे? क्या तुम उस बंधन को तोड़ देना चाहते हो, जो तुम्हारे और मेरे बीच है? जवाब दो, पुरोहित!" और शैतान ने अपनी बाँहें फैला दीं और अपना सिर आगे को झुकाया और गहरी साँस भरी। उसका चेहरा धूसर हो गया और वह मिस्री बुतों की तरह दिखने लगा, जो नील नदी के किनारे युगों से व्यर्थ पड़े हैं। फिर

उसने अपनी चमकती आँखें फादर समाँ के चेहरे पर गड़ा दीं और बड़बड़ाती हुई आवाज में कहा , "मैं थक गया हूँ और कमजोर हूँ। मैंने उन चीजों के बारे में बोलकर अपनी घटती शक्ति का उपयोग करके गलती की , जिन्हें तुम चाहो तो मुझे र ले जाकर मेरे घावों का इलाज कर सकते हो या फिर मुझे इस जगह मरने के लिए छोड़ सकते हो। "

फादर समाँ काँप गए और घबराहट में अपने हाथ रगड़ने लगे और क्षमा -याचना के स्वर में उन्होंने कहा , " अब मैं वह जान गया हूँ , जो एक घंटे पहले मैं नहीं जानता था। मेरे अज्ञान के लिए मुझे माफ करना। मैं जानता हूँ कि इस दुनिया में तुम्हारे होने से प्रलोभन पैदा होता है। प्रलोभन वह पैमाना है, जिससे सर्वशक्तिमान परमेश्वर इनसानी रूहों की कीमत आँकता है । यह वह तराजू है, जिससे वह आत्माओं को तौलता है। मुझे पूरा विश्वास है कि अगर तुम मरते हो तो प्रलोभन भी मर जाएगा और उसके जाते ही मौत उस आदर्श शक्ति को भी नष्ट कर देगी , जो मनुष्य को उठाती व सचेत करती है।

" तुम्हें जीना ही होगा, क्योंकि अगर तुम मर गए और लोगों को इसका पता चल गया तो उनका नरक का डर गायब हो जाएगा और वे इबादत करना बंद कर देंगे; क्योंकि पाप। कुछ होगा ही नहीं। तुम्हें जीना ही होगा , क्योंकि तुम्हारे जिंदा रहने में ही बुराई और पाप से मनुष्य की मुक्ति है।

"रही बात मेरी, तो मैं तुम्हारे प्रति मेरी घृणा को मनुष्य के प्रति मेरे प्रेम की वेदी पर बलिदान कर दूंगा। "

शैतान ने ऐसी हँसी निकाली जिसने जमीन को हिलाकर रख दिया और कहा, "कितने बुद्धिमान व्यक्ति हो तुम फादर ! धार्मिक तथ्यों का कैसा अद्भुत ज्ञान है तुम्हें ! तुमने अपने ज्ञान की शक्ति के माध्यम से मेरे अस्तित्व का एक उद्देश्य ढूँढ़ लिया है, जो मैंने कभी समझा ही नहीं था । हम एक - दूसरे के लिए एक - दूसरे की जरूरत को समझ गए हैं।

" मेरे पास आओ, मेरे भाई! अँधेरा मैदानों को लील रहा है। मेरा आधा खून निकलकर इस घाटी की रेत में बह गया है और मुझमें कुछ नहीं बचा है, सिवाय एक टूटे शरीर के । अगर तुमने मदद नहीं की तो मौत इसे जल्द ही खरीद ले जाएगी। "

फादर समाँ ने अपनी आस्तीनें मोड़ीं और शैतान के पास जाकर उसे अपनी पीठ पर लाद या तथा अपने घर की ओर चल दिए।

सन्नाटे में डूबी और अंधकार की चादर से सजी उन घाटियों के बीच फादर समाँ गाँव की ओर चल दिए। उनकी पीठ उनके भारी बोझ से झुकी जा रही थी। उनके काले वस्त्र और लंबी दाढ़ी पर उनके ऊपर से बहते खून के छींटे पड़ रहे थे ; लेकिन वह जैसे - तैसे आगे बढ़ रहे थे। उनके होंठों पर मरते शैतान की जिंदगी के लिए जोरदार दुआ थी।

कवि का घोष

दानशीलता मेरे हृदय में गहराई से बीज बोती है और मैं गेहूँ काटकर उसके गट्ठर बनाता तथा उन्हें भूखों को दे देता हूँ। मेरी आत्मा दाखलता को जीवन देता है और मैं उसके गुच्छों को पेरता एवं उनका रस प्यासों को दे देता हूँ।

परमेश्वर मेरे दीपक में तेल भरता है और मैं इसे अपनी खिड़की पर रख देता हूँ कि यह परदेसी को अँधेरे में राह दिखाए।

मैं यह सब इसलिए करता हूँ, क्योंकि मैं उनमें वास करता हूँ और अगर नियति ने मेरे हाथ बाँध दिए और मुझे यह सब नहीं करने दिया तो मृत्यु मेरी एकमात्र इच्छा होगी; क्योंकि मैं एक कवि हूँ और अगर मैं दे नहीं सकता तो कुछ लूँगा भी नहीं।

मानवता तो तूफान की तरह चीत्कार करती है, किंतु मैं खामोशी में आह भरता हूँ, क्योंकि मैं जानता हूँ कि तूफान का निकल जाना अनिवार्य है; जबकि आह परमेश्वर तक पहुँचती मनुष्य सांसारिक चीजों से चिपटते हैं, किंतु मैं हमेशा प्यार की मशाल को गले लगाने के प्रयास में रहता हूँ, ताकि यह अपनी आग से मुझे शुद्ध कर दे और अमानवीयता को मेरे हृदय से झुलसाकर अलग कर दे।

सांसारिक मूर्त चीजें व्यक्ति को बिना कष्ट के मार देती हैं, जबकि प्रेम जीवनदायी पीड़ा से उसे जाग्रत् कर देता है।

मनुष्य अलग - अलग कुटुंबों और कबीलों में बँटे हैं। उनका नाता देशों और नगरों से है। लेकिन मैं खुद को सभी समुदायों में अजनबी पाता हूँ। मेरा नाता किसी बस्ती से नहीं है। मूचा ब्रह्मांड मेरा देश है और मानव परिवार मेरा कबीला है।

मनुष्य कमजोर हैं और यह दु:खद है कि वे खुद में बँटे हुए हैं। दुनिया बहुत छोटी है और इसे राज्यों, साम्राज्यों व प्रांतों में तोड़ना नासमझी है।

मनुष्य केवल इसलिए एकजुट होते हैं कि आत्माओं के मंदिरों को तोड़ें। वे भौतिक देहों के लिए भवन खड़े करने के वास्ते हाथ मिलाते हैं। मैं अकेला खड़ा आशा की आवाज को सुनता हूँ, जो मेरे अंतरतम की गहराइयों में कहती है, जैसे प्रेम मनुष्य के हृदय को पीड़ा से जीवंत कर देता है, वैसे ही अज्ञान उसे ज्ञान की राह बताता है। पीड़ा और अज्ञान अत्यधिक आनंद व ज्ञान की ओर ले जाते हैं, क्योंकि परमात्मा ने धरती पर कुछ भी व्यर्थ नहीं बनाया है।

मुझमें मेरे संदर के प्रति एक उत्कंठा है और मैं इसके लोगों से उनकी दीनता के कारण प्रेम करता हूँ । किंतु अगर मेरे लोग लूट और तथाकथित देशभक्ति की भावना से प्रेरित होकर हत्या के लिए उठ खड़े हुए और उन्होंने मेरे पड़ोसी के देश पर आक्रमण कर दिया तो किसी भी मानवीय अत्याचार के लिए मैं अपने लोगों और अपने देश से घृणा करूँगा।

मैं अपनी जन्मभूमि की प्रशंसा के गीत गाता हूँ और अपने बचपन का घर देखने की लालसा करता हूँ ; किंतु यदि उस घर के लोग जरूरतमंद राहगीर को शरण देने और खाना खिलाने से मना करते हैं तो मैं अपनी प्रशंसा को क्रोध में और अपनी लालसा को विस्मृति में बदल दूंगा । मेरा अंतस कहेगा, जो घर जरूरतमंद का आराम नहीं देता , वह विनाश के सिवाय और किसी लायक नहीं है।

मैं अपने पुश्तैनी गाँव से प्रेम करता हूँ और मेरा कुछ प्रेम मेरे देश के लिए है; मैं अपने देश से प्रेम करता हूँ और मेरा कुछ प्रेम धरती के लिए है, और यह पूरी धरती मेरा देश है और मैं धरती को अपने पूरे आपे के साथ प्रम करता हूँ , क्योंकि यह मानवता का शरण- स्थल और परमेश्वर का प्रकट आत्मा है ।

मानवता तो धरती पर परमात्मा का आत्मा है और वह मानवता भग्नावशेषों के बीच खड़ी है, अपनी नग्नता को फटे - चीथड़ों में छिपाती ,पिचके गालों पर आँसू बहाती और दयनीय स्वर में अपने बच्चों को गुहारती । लेकिन बच्चे अपने कुटुंब का गीत गाने में व्यस्त हैं । वे तलवारें पैनी करने में व्यस्त हैं तथा वे अपनी माँओं की गुहार नहीं सुन पा रहे ।

मानवता अपने लोगों से आग्रह करती है, किंतु वे सुनते नहीं। अगर कोई एक माँ की गुहार सुन ले और उसके आँसू पोंछकर उसे सांत्वना दे तो दूसरे कहेंगे , ' वह कमजोर है, भावुक मानवता तो धरती पर परमात्मा की जान है और वह परमात्मा प्रेम व सद्भाव सिखाता है ।

किंतु लोग ऐसी शिक्षाओं का मजाक उड़ाते हैं । यीशु नासरी ने उसे सुना और उन्हें सूली नसीब हुई। सुकरात ने उस आवाज को सुना और उसका अनुसरण किया; उनकी देह को भी शिकार बनाया गया । नासरी और सुकरात के अनुयायी कंठ के अनुयायी हैं , लोग क्योंकि उन्हें मारेंगे नहीं, इसलिए वे यह कहकर उनका उपहास करते हैं कि उपहास तो मारने से भी अधिक कटु है। येरूशलम नासरी को नहीं मार पाया और न ही एथेंस सुकरात को । वे आज भी जीवित हैं और अनंतकाल

तक जीवित रहेंगे। उपहास ईश्वर के अनुयायियों को जीत नहीं सकता। वे हमेशा जीते और बढ़ते रहते हैं।

तुम इसलिए मेरे भाई हो, क्योंकि तुम एक मनुष्य हो और हम दोनों ही एक पवित्र आत्मा के बेटे हैं; हम समान हैं और एक ही मिट्टी के बने हैं।

तुम यहाँ जीवन-पथ पर मेरे साथी जैसे हो और छिपे सत्य के अर्थ को समझने में मेरे सहायक हो। तुम एक मनुष्य हो और यह बात ही मेरे लिए पर्याप्त है तथा इसलिए मैं तुम्हें एक भाई समान प्रेम करता हूँ। तुम मेरे बारे में जैसा चाहो, बोल सकते हो; क्योंकि। आनेवाला कल तुम्हें ले जाएगा और तुम्हारी बातों का इस्तेमाल अपने न्याय के लिए करेगा और तुम्हें न्याय मिलेगा। मेरे पास जो कुछ भी है, वह सब तुम मुझसे छीन सकते हो, क्योंकि मेरे लालच ने दौलत जमा करने को उकसाया और अगर इससे तुम्हें संतुष्टि मिलती है तो तुम मेरे भाग्य के अधिकारी होगे।

तुम मेरे साथ जो चाहो, वह कर सकते हो; किंतु तुम मेरे 'सत्य को छू नहीं पाओगे। तुम मेरा खून बहा सकते हो और मेरी देह को जला सकते हो, किंतु मेरे प्राण की हत्या या उसे आहत नहीं कर सकते।

तुम मेरे हाथों को जंजीरों में और मेरे पाँवों को बेड़ियों में जकड़ सकते और मुझे अँधेरी कार में डाल सकते हो; किंतु तुम मेरे चिंतन को गुलाम नहीं बना सकते, क्योंकि यह तो विस्तृत आकाश में समीर के समान स्वतंत्र है।

तुम मेरे भाई हो और मैं तुम्हें प्यार करता हूँ। जब तुम अपने गिरजाघर में अराधना करते, अपने मंदिर में घुटने टेकते और अपनी मसजिद में नमाज पढ़ते हो, मैं तुम्हें प्यार करता हूँ।

तुम और मैं और सभी एक ही धर्म की संतान हैं, क्योंकि धर्म के अलग-अलग रास्ते और कुछ नहीं हैं, बस परमात्मा के प्यार भरे हाथ की उँगलियाँ मात्र हैं, जो सभी की ओर फैली रहती हैं और सभी को प्राण की पूर्णता देती हैं तथा सभी का स्वागत करने को आतुर रहती मैं तुम्हें तुम्हारे सत्य के कारण प्रेम करता हूँ, जो तुम्हारे ज्ञान से निकला है। यह वह सत्य है, जिसमें अपने अज्ञान के कारण मैं देख नहीं सकता। लेकिन मैं इसे एक दैवी वस्तु मानकर इसका सम्मान करता हूँ, क्योंकि यह आत्मा का कृत्य है। तुम्हारा सत्य आनेवाली दुनिया में मेरे सत्य से मिलेगा और दोनों एक-दूसरे में इस तरह घुल-मिल जाएँगे जैसे कि फूलों की

खुशबू और एक समूचा व शाश्वत सत्य बन जाएंगे , प्रेम और सौंदर्य की शाश्वता में निरंतर बने रहेंगे, जीते रहेंगे।

मैं तुम्हें इसलिए प्रेम करता हूँ, क्योंकि तुम ताकतवर आततायी के सामने कमजोर और लालची अमीरों के सामने गरीब हो ! इसी कारण मैं आँसू बहाता और तुम्हें सांत्वना देता हूँ और अपने आँसुओं के पीछे से मैं तुम्हें न्याय के आलिंगन में बँधे और मुसकराते हुए अपने सतानेवालों को क्षमा करते देखता हूँ। तुम मेरे भाई हो और मैं तुम्हें प्रेम करता हूँ।

तुम मेरे भाई हो , लेकिन तुम मुझसे झगड़ा क्यों कर रहे हो ? तुम क्यों मेरे देश पर आक्रमण करते हो ? जो लोग यश और सत्ता चाहते हैं, उन्हें प्रसन्न करने के लिए तुम क्यों मुझे गुलाम बनाने की कोशिश करते हो ?

तुम क्यों अपने बीवी-बच्चों को छोड़कर उन लोगों के चक्कर में मौत के पीछे-पीछे दूर देशों में भागे फिरते हो , जो तुम्हारे खून से अपने लिए यश और तुम्हारी माँ के आँसुओं से अपने लिए ऊँचा सम्मान खरीदते हैं ? क्या मनुष्य के लिए यह सम्मान की बात है कि वह अपने भाई दूसरे मनुष्य की हत्या करे ? अगर तुम इसे सम्मान समझते हो तो फिर इसे पूजा की वस्तु बना दो और कैन का मंदिर बनवाओ, जिसने हाबिल की हत्या की थी ? (कैन और हाबिल , बाइबिल के अनुसार, प्रथम मानव आदम के पुत्र थे और इस प्रकार भाई थे — भाई मो . मा .) क्या खुद को बचाकर रखना प्रकृति का पहला नियम है ? तो फिर तुम केवल उसका ध्येय पूरा करने की खातिर अपने भाइयों को आहत करने के लिए लालच के चक्कर में अपना बलिदान क्यों करते हो ?

मेरे भाई , उस नेता से सावधान रहो, जो यह कहता है कि अस्तित्व का प्रेम हमें बाध्य करता है कि हम लोगों को उनके अधिकारों से वंचित कर दें। मैं तुमसे कहता हूँ , दूसरों के अधिकार की रक्षा करना मनुष्य का सबसे नेक और सबसे सुंदर काम है। अगर मेरे। अस्तित्व के लिए यह जरूरी है कि मैं दूसरों की हत्या करूँ तो मौत मेरे लिए अधिक सम्मानजनक है। और अगर मुझे ऐसा कोई व्यक्ति नहीं मिलता, जो मेरे सम्मान की रक्षा के लिए मुझे मार डाले तो मुझे अनंतता आने से पहले अनंत जीवन की खातिर अपने हाथों अपनी जान लेने में कोई हिचक नहीं होगी।

मेरे भाई, स्वार्थ तो अंधी सर्वश्रेष्ठता का कारण है । सर्वश्रेष्ठता से कुटुंबता की उत्पत्ति होती है और कुटुंबबंदी से उत्पत्ति होती है सत्ता की , जिससे झगड़े व गुलामी

की स्थिति बनती है। आत्मा तो अंधकारमय अज्ञान पर न्याय और ज्ञान की ताकत को मानता है, उस सत्ता को नहीं मानता, जो उस अज्ञान और दमन का बचाव करने के लिए तलवारें उपलब्ध कराता है, उस सत्ता को नहीं मानता, जिसने येरूशलम की नींव हिला दी और रोम को खंडहर बनाकर रख दिया। इसकी वजह से लोग अपराधियों को महान् व्यक्ति कहने लगे। लेखक उनके नाम का सम्मान करने लगे। इतिहासकार उनकी अमानवीयता के किस्से प्रशंसा के स्वर में बयान करने लगे।

मैं एक ही सत्ता का आदेश मानता हूँ, वह है न्याय के नैसर्गिक नियम को चुपचाप स्वीकार कर लेना, उसकी रक्षा का ज्ञान।

सत्ता जब हत्यारे की हत्या करती है तो वह किस न्याय का प्रदर्शन करती है? या जब लुटेरे को जेल में डाल देती है? या जब वह किसी पड़ोसी देश पर चढ़ाई करती है और उसके लोगों का वध करती है? न्याय उस सत्ता के बारे में क्या सोचता है, जिसके अधीन कोई हत्यारा उस व्यक्ति को सजा देता है, जो हत्या करता है और क्या कोई चोर ही चुरानेवाले को दंडित करता है?

तुम मेरे भाई हो और मैं तुम्हें प्रेम करता हूँ तथा प्रेम तो अपनी पूरी शिद्दत और गरिमा में न्याय का ही रूप है। अगर तुम्हारे कबीले और समुदाय के बावजूद न्याय तुम्हारे प्रति मेरे प्रेम का समर्थन नहीं करता तो मैं शुद्ध प्रेम के बाहरी वस्त्र के पीछेस्वार्थ की कुरूपता को छिपाता एक धोखेबाज होऊँगा।

समापन

मेरी आत्मा मेरी दोस्त है, जो जीवन की निराशा और दीनता में मुझे सांत्वना देता है। जो व्यक्ति अपने आत्मा से दोस्ती नहीं करता, वह मानवता का दुश्मन है। जिस व्यक्ति को।

अपने भीतर मानवीय मार्गदर्शन नहीं मिलता, उसका सर्वनाश होगा। जीवन तो अंदर से उभरता है, परिवेश से उसकी उत्पत्ति नहीं होती।

मैं एक बात कहने आया था और अब मैं वह बात कहूँगा। लेकिन अगर मौत ने इसे कहने नहीं दिया तो कल का दिन उसे कहेगा, क्योंकि आनेवाला कल अनंतता की पुस्तक में कभी एक भी रहस्य नहीं छोड़ता।

मैं प्रेम की महिमा और सौंदर्य की आभा में रहने आया था, जो परमेश्वर के अक्स हैं। मैं यहाँ जी रहा हूँ और लोग मुझे जीवन के राज्य से निर्वासित करने में असमर्थ

हैं ; क्योंकि उन्हें पता है कि मैं मृत्यु में भी जीवित रहूँगा। अगर वे मेरी आँखें निकाल लेते हैं तो मैं प्रेम की मर्मर ध्वनियों और सौंदर्य के गीतों को सुनूँगा।

अगर वे मेरे कानों को बंद कर देते हैं तो मैं प्रेम की खुशबू और सौंदर्य की सुगंध-मिश्रित समीर के स्पर्श का आनंद लूँगा।

यदि वे मुझे निर्वात में रखते हैं तो मैं अपने आत्मा के साथ जिऊँगा — प्रेम और सौंदर्य की संतान !

मैं यहाँ सबके लिए और सबके साथ होने के लिए आया था। आज अपने एकांत में जो मैं करता हूँ, वह आनेवाला कल लोगों को दोहराएगा।

अब जो मैं एक हृदय से कहता हूँ, उसे आनेवाला कल अनेक हृदयों से कहेगा।

वस्त्र की ओट में

रेचल आधी रात को जाग गई और अपने कमरे के आसमान में किसी दृश्य चीज को गौर से देखने लगी। उसे एक आवाज सुनाई दी, जो जिंदगी की मर्मर ध्वनियों से अधिक मधुर और रसातल की कराहती पुकार से अधिक विषादजनक तथा श्वेत पंखों की सरसराहट से अधिक कोमल एवं लहरों के संदेश से अधिक गहरी थी। यह आशा और व्यर्थता, खुशी और दीनता, जीवन के प्रति स्नेह और उसके बावजूद मृत्यु की इच्छा से स्पंदित थी। अब रेचल ने अपनी आँखें बंद कर लीं और गहरी आह भरी। उसने हाँफते हुए कहा, "उष : काल घाटी के अंतिम छोर पर आ पहुँचा है। हमें सूरज की ओर जाकर उससे मिलना चाहिए।" उसके होंठ खुले हुए थे, जैसे आत्मा में गूंजती एक गहरी आवाज हो।

तभी पुरोहित ने उसकी सेज के पास जाकर उसका हाथ छुआ ; लेकिन वह बर्फ सा ठंडा पड़ रहा था। जब उसने निर्ममता से अपनी उँगलियाँ उसके दिल पर रखीं तो उसे यकीन हो गया कि यह बिलकुल अचल था और उसके अपने दिल के रहस्य की तरह शांत था। पूज्य पुरोहित का सिर घोर निराशा में झुक गया। उसके होंठ ऐसे काँपने लगे जैसे सदर और सुनसान घाटियों में रात के प्रेतों द्वारा दोहराए गए एक दैवी शब्द को कहना चाहता हो।

उसके हाथों को उसके सीने पर रख देने के बाद पुरोहित ने एक आदमी की तरफ देखा, जो कमरे के एक अँधेरे कोने में बैठा था। उसने बहुत उदारता व दयालुता में डूबे स्वर में कहा, "तुम्हारी अजीज रोशनी के विशाल घेरे में पहुंच गई है। आओ मेरे भाई, आओ, हम पुराने घुटने टेकें और प्रार्थना करें।"

दु: खी पति ने अपना सिर उठाया। उसकी आँखें एक जगह टिक गईं, अदृश्य को ताकती हुई और फिर उसके चेहरे का भाव ऐसे बदल गया जैसे उसने एक अज्ञात परमेश्वर की आत्मा में समझ को देख लिया हो। उसने अपने बचे-खुचे वजूद को बटोरा और पूरे आदर के साथ अपनी पत्नी की सेज की ओर चल दिया तथा उस पुरोहित की बगल में घुटने टेककर बैठ गया, जो प्रार्थना कर रहा था और शोक कर रहा था तथा सलीब का निशान बना रहा था।

शोकाकुल पति के कंधे पर हाथ रखकर फादर ने शांत भाव से कहा, "साथवाले कमरे में जाओ भाई, क्योंकि तुम्हें आराम की सख्त जरूरत है।"

वह आज्ञा का सम्मान करता हुआ उठा , कमरे में गया और अपना थका शरीर लिये एक सँकरे पलंग पर निढाल हो गया । कुछ ही पलों में वह अपनी प्यारी माँ की कृपालु बाँहों में पनाह लेते नन्हे बच्चे की तरह निद्रा - लोक में तैर रहा था ।

फिर पुरोहित उस युवती की देह के पास आया और घुटने टेककर ऐसे बैठ गया जैसे वेदी के आगे पूजा कर रहा हो । और उसे अपने कॉपते होंठों पर रख लिया और उसके चेहरे को देखा, जो मृत्यु की कोमल चादर से सजा था। उसकी आवाज एक ही समय रात की तरह शांत , खाई की तरह गहरी और जैसे मनुष्य की आशाओं से युक्त लड़खड़ा रही थी। वह रो रोकर कह रहा था , " ओह रेचल! मेरी प्राण - वधु , मेरी बात सुनो ! आखिरकार मैं बोल तो पा रहा हूँ। मौत ने मेरे होंठ खोल दिए हैं और अब मैं तुम्हारे सामने वह रहस्य खोल सकता हूँ, जो खुद जीवन से भी गहरा है। दर्द ने मेरी जबान को खोल दिया है और मैं तुमसे अपनी यातना के बारे में बता सकता हूँ, जो दर्द से भी अधिक दर्दनाक है। मेरी आत्मा का विलाप सुनो ! हे निर्मल आत्मा ! तुम जो धरती और आसमान के बीच मँडराती हो , उस युवक की ओर ध्यान दो , जो खेतों से तुम्हारे आने का इंतजार करता था और तुम्हारी सुंदरता के भय से पेड़ों के पीछे तुम्हें ताकता था । इस पुरोहित की सुनो , परमेश्वर के इस सेवक की सुनो , जो बेशर्म होकर तुम्हें पुकार रहा है। परमेश्वर के नगर में पहुँचने के बाद इसकी सुनना । मैंने अपने प्यार को छिपाकर इसकी ताकत को साबित कर दिया है। "

इस तरह अपने आत्मा को खोलकर रख देने के बाद फादर ने आगे झुकते हुए उसके माथे, आँखों व गले पर तीन लंबे , गरम और खामोश चुंबन जड़ दिए। इस तरह बरसों की व्यथा और प्यार व दर्द अपने दिल में छिपे तमाम राज को उड़ेलकर रख दिया । फिर अचानक हटकर वह अँधेरे कोने में आ गया था और दर्द के मारे फर्श पर गिर पड़ा। वह पतझड़ के पत्ते की तरह काँप रहा था , जैसे उसके ठंडे चेहरे के स्पर्श ने उसके अंदर पश्चात्ताप की भावना को जगा दिया था। इस पर उसने खुद को सँभाला और घुटने टेक दिए। उसने अपने चेहरे को अपनी हथेलियों में छिपा लिया और धीरे से कहा, " परमेश्वर , मेरा गुनाह माफ करना !

मैं उसे उजागर करने से अपने आपको अब और नहीं रोक सकता था , जिसे आप जानते थे। सात साल मैंने अपने दिल में छिपे इन गहरे रहस्यों को जबानी शब्दों से बचाकर रखा , फिर मौत आई और उन्हें मुझसे छीन लिया। मेरी मदद करना , हे प्रभु, ताकि मैं इस भयंकर और सुंदर स्मृति को छिपाकर रख सकूँ , जो जीवन

में मिठास लाती है और आपसे कड़वाहट मुझे माफ करना , मेरे प्रभु और मेरी कमजोरी को भी।"

उसने युवती की लाश को नहीं देखा और ऐसे ही भोर होने तक कष्ट झेलता रहा तथा शोक करता रहा। तब भोर ने उन दो निश्चल आकृतियों पर एक गुलाबी चादर डाल दी तथा एक व्यक्ति के आगे तो प्यार व मजहब के टकराव को उजागर कर दिया और दूसरे के आगे जीवन एवं मृत्यु की शांति को।

परमेश्वर

प्राचीन समय में, जब मेरे होंठों पर पहले-पहल शब्दों का कंपन हुआ था, मैं पवित्र पर्वत पर चढ़ गया। मैंने परमेश्वर से कहा, "स्वामी, मैं तेरा सेवक हूँ। तेरी अप्रकट इच्छा मेरा विधान है और मैं सदा-सर्वदा तेरे आदेश का पालन करूँगा।"

किंतु परमेश्वर ने कोई उत्तर नहीं दिया और एक भीषण तूफान की तरह वहाँ से निकल गया।

हजार वर्षों के बाद मैं पवित्र पर्वत पर चढ़ा और फिर परमेश्वर की बात की और कहा, "पिता, मैं तेरा पुत्र हूँ। तू ने दया और प्रेम में मुझे जन्म दिया है तथा प्रेम और पूजा से मैं तेरे राज्य की विरासत प्राप्त करूँगा।"

परमेश्वर ने कोई उत्तर नहीं दिया और हजार गतिमान पंखों के समान वहाँ से निकल गया।

और हजार वर्षों के बाद मैं पवित्र पर्वत पर चढ़ा और फिर परमेश्वर से बात की और कहा, "मेरे परमेश्वर, मेरे लक्ष्य और मेरे पूरक, मैं तेरा बीता हुआ कल हूँ और तू आकाश में मेरा पुष्प है। हम साथ-साथ सूर्य के समक्ष विकसित होते हैं।"

तब परमेश्वर मुझ पर झुका। मेरे कानों में उसने बहुत धीमे से मधुर वचन कहे। जैसे सागर उसके पास बहकर आती छोटी नदी को अपने में समेट लेता है, परमेश्वर ने मुझे समेट लिया।

जब मैं उतरकर घाटियों और मैदानों में गया तो परमेश्वर वहाँ भी था।

अपराधी

मजबूत शरीरवाला एक युवक फुटपाथ पर बैठा था। भूख ने उसे कमजोर कर दिया था। वह सभी आते - जाते लोगों के आगे हाथ फैलाकर भीख माँग रहा था। भूख और अपमान से त्रस्त वह जीवन में अपनी हार का दु: खद गीत दोहराए जा रहा था।

रात आई तो उसके होंठ और उसकी जीभ सूख गई, जबकि उसका हाथ अब भी पेट की तरह खाली था।

उसने अपने आपको सँभाला और शहर से बाहर निकल गया। वहाँ वह एक पेड़ के नीचे बैठ गया और फूट- फूटकर रोने लगा। भूख उसकी अंतड़ियों को कुतर रही थी। उसने अपनी हैरान आँखें आसमान की ओर उठाई और कहा , " हे प्रभु! मैं अमीर आदमी के पास गया और उससे काम माँगा; लेकिन उसने मुझे भगा दिया , क्योंकि मैं गंदा था। मैंने ऐसा कोई भी काम करना चाहा , जिससे मुझे रोटी मिल जाए, लेकिन कोई फायदा नहीं हुआ। हताश होकर मैं भीख माँगने लगा ; लेकिन तेरे उपासकों ने कहा, वह हट्टा - कट्टा है और आलसी है। उसे भीख नहीं माँगनी चाहिए।

" हे प्रभु ! यह तेरी इच्छा है कि मेरी माँ ने मुझे जन्म दिया और अब धरती मुझे अंत से पहले वापस तेरे पास भेज रही है। "

फिर उसके चेहरे का भाव बदल गया। वह उठ गया। उसकी आँखें अब संकल्प से चमक रही थीं। उसने पेड़ की डाली से एक मोटी और भारी छड़ी बनाई और शहर की तरफ इशारा करते हुए चिल्लाया , "मैंने अपनी आवाज की सारी ताकत लगाकर रोटी माँगी , जो मुझे नहीं मिली। अब मैं भुजाओं की ताकत से इसे हासिल करूँगा। मैंने दया और प्रेम के नाम पर रोटी माँगी , लेकिन इनसानियत ने मेरी तरफ ध्यान नहीं दिया। अब मैं बुराई के नाम पर इसे लूँगा। "

साल बीतते गए और वह युवक लुटेरा, हत्यारा व आत्माओं को नष्ट करनेवाला बन गया। वह उन सबको कुचल डालता , जो उसका विरोध करते थे। उसने खूब धन - दौलत जमा कर ली और उसके बल पर शासकों का चहेता बन गया। उसके

साथी उसकी सराहना करते , दूसरे चोर उससे ईर्ष्या करते और आम लोग उससे डरते थे।

उसकी धन -दौलत और झूठी हैसियत ने अमीर (शासक) को इतना प्रभावित किया कि उसने उसे शहर का डिप्टी बना दिया — यह वही दुः खद प्रक्रिया थी , जिसे नासमझ शासक अपनाते हैं। तब चोरी को वैध कर दिया गया , सत्ता ने दमन को अपना समर्थन दे दिया , कमजोरों को कुचलना आम बात हो गई। लोग उसकी हाँ में हाँ मिलाते और उसकी प्रशंसा करते थे।

इस तरह मानवता के स्वार्थीपन का पहला स्पर्श विनम्रों को अपराधी बनाता है और शांति - पुत्रों को हत्यारा बनाता है । इस तरह मानवता का प्रारंभिक लोभ बढ़कर मानवता पर पलटकर हजार गुना वार करता है।

दु: ख का जन्म

जब मेरे दु: ख का जन्म हुआ तो मैंने बड़ी सावधानी से पाला-पोसा, बड़े प्यार से उसकी देखभाल की और मेरा दु: ख तमाम जानदार चीजों की तरह बढ़ने लगा, मजबूत और सुंदर एवं अद्भुत आनंदों से भरपूर और हम एक - दूसरे से प्यार करते थे, मेरा द: ख और मैं , और हम अपने आस- पास की दुनिया से प्यार करते थे, क्योंकि दु: ख के दिल में दया थी और मेरे दिल में दु: ख के लिए दया थी।

जब हम बातें करते थे, मेरा दु: ख और मैं , तो हमारे पड़ोसी अपनी खिड़कियों पर बैठकर हमारा गाना सुनते थे; क्योंकि हमारे गीत सागर से गहरे होते थे और हमारी तानें विचित्र स्मृतियों से भरपूर होती थीं।

जब हम साथ- साथ चलते , मेरा दु: ख और मैं , तो लोग हमें प्यार भरी नजरों से ताकते थे तथा बेहद मीठे स्वरों में बतियाते थे। और ऐसे लोग भी थे, जो हमें ईर्ष्या से देखते थे , क्योंकि दु: ख एक नेक चीज थी और मुझे दु: ख पर अभिमान था।

लेकिन फिर मेरा दुःख मर गया , जैसे सारी जानदार चीजें मरती हैं और अब मैं सोच विचार के लिए अकेला रह गया हूँ।

आज जब मैं अपने गीत गाता हूँ तो मेरे पड़ोसी सुनने नहीं आते।

जब मैं सड़कों पर निकलता हूँ तो मुझे कोई भी नहीं देखता ।

बस , अपनी नींद में मुझे आवाजें सुनाई देती हैं , जो तरस खाकर कह रही होती हैं , " देखो , वह रहा वह आदमी , जिसका दु: ख मर गया है। "

पागल युहन्ना

गरमी के मौसम में युहन्ना हर सुबह खेत पर जाता। उसके बैल और बछड़े उसके पीछे पीछे होते तथा उसका हल उसके कंधे पर होता। रास्ते में वह चिड़ियों के चहचहाने और ड़ों पर पंजों के सरसराने की आवाजें सुनता जाता। दोपहर में वह उस मचलती धारा के किनारे बैठ जाता, जो निचली जमीन या हरे - भरे चरवाहों से बल खाती आगे बढ़ती थी।

वहाँ वह अपना खाना खाता और बचे हुए कौरों या रोटी को चिड़ियों के लिए घास पर छोड़ देता था। शाम को जब डूबता सूरज अपने साथ दिन का उजास ले जाता था तो वह अपने साधारण से घर में लौट आता था , जहाँ से उत्तर लेबनान के गाँव और टोले दिखाई देते थे। वहाँ जब वह अपने बूढ़े पिता और माँ के पास बैठकर खामोशी से उनकी बातचीत और उनके जमाने की घटनाओं की बातों को सुनता तो धीरे - धीरे नींद और आराम का अहसास उस पर तारी हो जाता।

सर्दी के दिनों में वह गरमाहट लेने के लिए आग के पास बैठ जाता और हवा की सरसराहट व नैसर्गिक शक्तियों का आर्तनाद सुनता तथा यह सोचता कि मौसम किस तरह एक के बाद एक आते हैं ! वह खिड़की के बाहर बर्फ के वस्त्र में ढंकी घाटियों की तरफ अपने पत्तों से वंचित उन पेड़ों की तरफ देखता , जो ऐसे लगते जैसे निर्मम ठंडी और भीषण हवाओं की दया पर बाहर छोड़ दिए गए मुफलिसों का हुजूम हो । इन लंबी रातों में वह तब तक जागता रहता जब तक कि उसके पिता और माँ सोने नहीं चले जाते थे। फिर वह लकड़ी की एक अलमारी खोलता और उसमें से इंजील निकालकर उसमें से एक लैंप की हलकी रोशनी में पढ़ता था तथा समय - समय पर कनखियों से अपने सोते हुए पिता की तरफ देखता जाता था ; क्योंकि उन्होंने उसे यह पुस्तक पढ़ने से मना किया था । मना इसलिए, क्योंकि पुरोहित लोग दिमाग के सीधे - सादे लोगों को यीशु के उपदेशों का रहस्य समझने की कोशिश करने की इजाजत नहीं देते थे। अगर वे ऐसा करते तो चर्च की संस्था उन्हें निकाल बाहर करती थी। इस तरह युहन्ना ने अपनी जवानी के दिन विस्मय और सुंदरता के खेत तथा यीशु की पुस्तक के बीच काटे , जो ज्योति और आत्मा से परिपूर्ण थी । जब भी उसके पिता बोलते तो वह खामोश और खयालों में खोया रहता और उनकी बात सुनता था , लेकिन एक शब्द भी नहीं कहता था । अकसर

तो वह अपनी उम्र के साथियों के संग खामोशी में बैठा उनके पार उस जगह को देखा करता था, जहाँ साँझ का झुटपुटा आसमान की नीलिमा से मिलता था।

जब कभी वह गिरजाघर जाता तो वहाँ से दु:ख का अहसास लेकर लौटता था; क्योंकि वह प्रवचन मंच और वेदी से जो उपदेश सुनता वे तो उपदेश नहीं होते थे, जिनके बारे में वह इंजील में पढ़ता था। विश्वासी जन और उनके अगुआ जो जिंदगी जीते थे, वह वैसी खूबसूरत जिंदगी नहीं होती थी, जिसके बारे में यीशु नासरी ने अपनी पुस्तक में बताया था।

वसंत खेतों और चरागाहों में लौट आया तथा बर्फ पिघल गई थी। पहाड़ों की चोटियों पर कुछ बर्फ अब भी बची रह गई थी; लेकिन बाद में वह भी पिघलकर पहाड़ों से नीचे बह चली और धाराओं का रूप लेकर घूमती, चक्कर खाती नीचे घाटियों में पहुँच गई। जल्दी ही ये धाराएँ एक - दूसरे में आ मिलीं। अंत में तेज बहाववाली नदियाँ बन गईं, जिनकी गरज सभी को यह बता रही थी कि प्रकृति अपनी नींद से जाग गई है। सेब और अखरोट के पेड़ों पर फूल खिल गए थे और पोपुलर व सरपत पर नई पत्तियाँ आ गई थीं। ऊँचाइयों पर घास और फूल दिखने लगे थे। युहन्ना आग के पास अपने इस वजूद से आजिज आ गया। उसके बछड़े सँकरे बाड़े में परेशान हो रहे थे और हरे - भरे चरागाहों के लिए उतावले हो रहे थे; क्योंकि उनका जौ व भूसे का भंडार लगभग खत्म हो चुका था, इसलिए उसने उन्हें उनकी चरनी से आजाद कर दिया और उन्हें बाहर देहाती इलाके में ले गया। उसने अपनी बाइबिल अपने लबादे के नीचे रखी थी, जिससे कि कोई उसे देखे नहीं। फिर वह उस चरागाह में पहुँच गया, जो घाटी ऊँचाई पर स्थित था। यह एक मठ के खेतों के नजदीक था, जो पहाड़ियों के बीच में उदास खड़ा था। वहाँ आकर उसके बछड़े तितर-बितर हो गए।

वे घास चरने निकल गए। युहन्ना एक चट्टान से सटकर बैठ गया। वह कभी अपनी सुंदरता में डूबी घाटी के पार देखता तो कभी उस पुस्तक में लिखे वचनों को पढ़ता था, जो उसे स्वर्ग के राज्य के बारे में बताते।

यह उपवास के आखिर का एक दिन था, जब मांस खाने से परहेज कर रहे ग्रामीण लोग सब्री से ईस्टर का इंतजार कर रहे थे। लेकिन और तमाम गरीब किसानों की तरह युहन्ना के लिए भी उपवास के दिनों और दावत के दिनों में कोई फर्क नहीं था। उसके लिए तो यह जीवन ही उपवास का एक लंबा दिन था। उसका खाना कभी उसके माथे के पसीने से गूंधी हुई रोटी और उसके दिल के खून से खरीदे हुए फलों से अधिक कुछ और नहीं होता था।

उसके लिए तो मांस और स्वादिष्ट भोजन से परहेज एक स्वाभाविक बात थी। उपवास से उसे शारीरिक भूख नहीं बल्कि आत्मिक भूख होती थी, क्योंकि इससे उसे मनुष्य के पुत्र के दु:ख और धरती पर उसके जीवन के समापन की याद हो आती थी।

युहन्ना के आस-पास एक-दूसरे को पुकारती चिड़ियाँ पंख फड़फड़ा रही थीं और फाख्ताओं के झुंड सिर के ऊपर तेजी से उड़ रहे थे। फूल हवा में धीरे-धीरे इधर से उधर इस तरह लहरा रहे थे जैसे सूरज की गरमाती किरणों में नहा रहे हों। वह अपनी पुस्तक में डूबा पढ़ता रहा और फिर उसने सिर उठाया। उसने घाटी के आस-पास फैले कस्बों और गाँवों में बने गिरजाघरों के कँगूरे देखे और अपनी कल्पना में सदियों पार पुराने येरूशलम की ओर ऊँचे उड़ चला। वहाँ वह गलियों में वहाँ-वहाँ गया, जहाँ यीशु गया था और आने-जानेवालों से उसके बारे में पूछता रहा।

जवाब में उन्होंने कहा, "यहाँ उसने अंधों को ठीक किया और लँगड़ों को उनके पैरों पर खड़ा किया। वहाँ उन्होंने उसके लिए काँटों का ताज बनाया और उसके सिर पर रखा। इस गली में वह रुका और उसने दृष्टांतों में भीड़ को संबोधित किया। उस जगह उन्होंने एक खंभे से उसे बाँधा और उसके मुंह पर थूका तथा उसे कोड़े मारे। इस गली में उसने उस वेश्या के पाप क्षमा किए। वहाँ उधर वह अपनी सलीब के बोझ से जमीन पर गिर गया।

कई घंटे बीत गए। युहन्ना परमेश्वरीय मनुष्य के साथ शारीरिक पीड़ा झेलता रहा और उसके साथ आत्मिक रूप में आनंदित होता रहा। जब वह अपनी जगह से उठा तो दोपहर का सूरज सिर पर था। उसने अपने आस-पास देखा, लेकिन अपने बछड़े उसे नहीं दिखाई दिए। उसने उन्हें हर जगह ढूँढ़ा। वह उन सपाट चरागाहों में उनके गायब हो जाने पर हैरान था। जब वह हथेली पर बनी रेखाओं की तरह घूम-घामकर खेतों के पार जाती सड़क पर पहुँचा तो उसने दूर से बगीचों के बीच एक आदमी को खड़े देखा, जो काला वस्त्र पहने था। वह तेज कदमों से उसकी ओर बढ़ा और उसके पास पहुँचकर उसने देखा कि वह मठ में रहनेवाला एक साधु था। युहन्ना ने सिर झुकाकर उसका अभिवादन किया और उससे पूछा कि क्या उसने बगीचे में उसके बछड़ों को देखा था?

साधु ने अपने क्रोध को छिपाने की कोशिश करते हुए उसकी तरफ देखा और रुखाई से जवाब दिया, "हाँ, मैंने देखा था। वे वहाँ उधर हैं। आओ, तुम्हें दिखाता हूँ।" हन्ना उसके पीछे चलते हुए आखिर में मठ पर आ गया। वहाँ उसने अपने

बछड़ों को देखा , जो एक बड़े से बाड़े में रस्सियों से बँधे थे और एक अन्य साधु उनकी निगरानी कर रहा था ।

उस साधु के हाथ में एक मोटा डंडा था । जब वे पशु इधर - उधर होते तो वह उस डंडे से उन्हें बेरहमी से पीटता था ।

जब युहन्ना अपने बछड़ों को ले जाने को उद्धत हुआ तो उस साधु ने उसका लबादा पकड़ लिया और मठ के दरवाजे की तरफ मुड़ते हुए जोर से चिल्लाया , " यह रहा वह अपराधी चरवाहा लड़का ! मैंने इसे पकड़ लिया है । "

उसके चिल्लाते ही चारों तरफ से पुरोहित और साधु लोग उसकी तरफ दौड़ पड़े । सबसे आगे उनका (सर्वोच्च) मठाधीश था , जो बढ़िया कपड़े की अपनी पोशाक और अपनी कठोर शक्ल - सूरत से अपने साथियों से अलग पहचाना जा सकता था । वे युहन्ना को घेरकर इस तरह खड़े हो गए जैसे लूट के बाद सिपाही छीना-झपटी करते हैं ।

उसने मठाधीश की तरफ देखा और बहुत भद्रता से कहा, " आखिर मैंने ऐसा क्या किया है, जो आप मुझे अपराधी कह रहे हैं ? आपने मुझे पकड़ा क्यों है? " मठाधीश ने आरे जैसी खरखराती आवाज में उसे जवाब दिया, " तूने इन मवेशियों को उस जमीन पर चराया है, जो मठ की जमीन है । उन्होंने हमारी दाख लताओं को कुतरकर रख दिया है । " बोलते समय उसका क्रुद्ध चेहरा कठोर हो गया ।

तब युहन्ना ने याचना करते हुए कहा, "फादर , ये तो बस बेजुबान प्राणी हैं , जिनमें कुछ समझ तो है नहीं । और मैं एक गरीब व्यक्ति हूँ और मेरे पास सिवाय मेरी भुजाओं की ताकत और इन जानवरों के और कुछ भी नहीं है। मुझे इन्हें ले जाने दें । मैं वादा करता हूँ कि आइंदा इन चरागाहों में नहीं आऊँगा । "

मठाधीश एकदम आगे आया और आसमान की तरफ अपना हाथ उठाकर फिर बोला , " परमेश्वर ने हमें इस जगह रखा है और उसने हमें इस जमीन की , उसके चुने हुए एलिशा की , इस जमीन की निगरानी सौंपी है । दिन - रात हम अपनी पूरी ताकत से इसकी हिफाजत करते हैं ; क्योंकि यह पवित्र है । जो इसके पास आएँगे , उन्हें यह भस्म कर देगी ।

अगर तू मठ से हिसाब नहीं करता तो यही घास इन जानवरों के पेट में जहर बन जाएगी । तु किसी भी सूरत में बच नहीं सकता, क्योंकि जब तक तू पाई - पाई चुकता नहीं कर देता , हम बछड़ों को यहाँ इस बाड़े में ही रखेंगे । "

मठाधीश जाने लगा तो युहन्ना ने उसे गिड़गिड़ाते हुए रोक लिया। उसने कहा, "मैं आपसे विनती करता हूँ, मेरे मालिक, इन पवित्र दिनों की खातिर, जिनमें यीशु ने कष्ट उठाया और मरियम ने दु:ख में आँसू बहाए, मुझे मेरे बछड़ों के साथ जाने दें। मुझ पर अपना दिल सख्त न करें। मैं गरीब हूँ और मठ अमीर है तथा ताकतवर भी। वह जरूर मेरी बेवकूफी को क्षमा कर देगा और मेरे पिता के बुढ़ापे पर तरस खाएगा।"

मठाधीश ने हँसी उड़ानेवाले अंदाज में उसे देखा और कहा, "मठ तुझे माफ नहीं करेगा, एक रत्ती भी नहीं बेवकूफ! उससे कोई फर्क नहीं पड़ता कि तू अमीर है या गरीब! तू पवित्र जों के नाम पर मुझसे आग्रह करनेवाला कौन होता है, क्योंकि एक हम ही तो हैं, जो उनके रहस्यों और उनकी गुप्त चीजों को जानते हैं! अगर तुझे बछड़ों को इन चरागाहों से ले जाना है तो जितनी फसल उन्होंने खाई है, उसके एवज में तुझे 3 दीनार देने होंगे।" युहन्ना ने घुटे हुए स्वर में कहा, "मेरे पास कुछ नहीं है, फादर, एक दमड़ी भी नहीं। मुझ पर और मेरी गरीबी पर रहम कीजिए।"

मठाधीश ने अपनी घनी दाढ़ी पर उँगलियाँ फेरीं — "तो फिर जाओ, जाकर अपने खेत का हिस्सा बेचो और तीन दीनार लेकर आओ। क्या तेरे लिए यह बेहतर नहीं है कि तू स्वर्ग में जाए और तेरे पास कोई खेत न हो, बनिस्बत इसके कि तू एलिशा की वेदी के आगे लगातार बहस करके उसका कोप मोल ले ले और इस तरह नरक में चला जाए, जहाँ बस कभी न झनेवाली आग-ही-आग है!" युहन्ना थोड़ी देर खामोश रहा। उसकी आँखों से एक चमक निकली और वह खुशी से फूल गया। उसकी विनती और गिड़गिड़ाहट की जगह शक्ति और संकल्प ने ले ली। जब वह बोला तो ऐसे स्वर में बोला, जिसमें ज्ञान था और थी यौवन की दृढ़ता।।

"क्या यह लाजिमी है कि गरीब उन खेतों को बेचें, जिनसे उन्हें रोटी मिलती है और उनका वजूद कायम रहता है? और जिस मठ में सोने-चाँदी की भरमार है, उसके खजाने को और भरें? क्या बात बस यही है कि गरीब और गरीब हो जाए और अभागे भूख से मर जाएँ, ताकि महान् एलिशा भूखे जानवरों के पाप क्षमा कर सकें?"

मठाधीश ने हेकड़ी में अपना सिर हिलाया — "यीशु ख्रीष्ट ने कहा था, क्योंकि जिस किसी के पास है उसे दिया जाएगा और उसके पास बहुतायत से होगा ;किंतु जिसके पास नहीं है, उससे वह भी ले लिया जाएगा, जो उसके पास है।"

युहन्ना ने यह सुना तो उसका दिल उसके सीने में और भी तेजी से धड़कने लगा । उसकी आत्मिकता बढ़ गई और उसका कद भी बढ़ गया , मानो धरती उसके पैरों पर बढ़ रही थी ।

उसने जेब से अपनी बाइबिल निकाली , जैसे योद्धा अपने बचाव के लिए तलवार निकालता है और चिल्लाकर कहा, " इस तरह मजाक उड़ाते हो तुम इस पुस्तक की शिक्षाओं का ! पाखंडियो ,जिंदगी में सबसे पवित्र है उसका इस्तेमाल! तुम उसमें बुराइयाँ फैलाने के लिए कहते हो ! हाय तुम पर , जब मनुष्य का पुत्र यीशु दूसरी बार आएगा और तुम्हारे मठों को खंडहर बना देगा और उनके पत्थरों को घाटी में बिखेर देगा और आग से तुम्हारी वेदियों व मूर्तियों को जला डालेगा । हाय तुम पर , यीशु के निर्दोष रक्त से और उसकी माता मरियम के आँसुओं से , क्योंकि वे तुमको बाढ़ की तरह घेर लेंगे और तुम्हें रसातल की गहराइयों में बहाकर ले जाएंगे । हाय तुम पर , जो अपनी लालच की मूर्तियों के आगे दंडवत् होते और अपने काले चोगे के पीछे अपनी करतूतों की कालिख छिपाते हो ! हाय तुम पर , जो अपने होंठ तो प्रार्थना में चलाते हो , जबकि तुम्हारे दिल अब भी चट्टान की तरह कठोर हैं ; जो वेदी के आगे तो सिर झुकाते हो , लेकिन अपनी आत्माओं में अपने परमेश्वर के खिलाफ विद्रोह करते हो ।

तुमने मुझे उस छोटे से चरागाह के वास्ते एक अतिक्रमणकारी की तरह पकड़ लिया है, जिसे सूरज ने हमारे लिए बराबरी से पोसा है। जब मैं यीशु के नाम पर तुमसे विनती करता हूँ और उसके दु: ख व दर्द के वसीले से तुमसे आग्रह करता हूँ तो तुम इस तरह मुझ पर हँसते हो , जैसे मैं अज्ञान में यह सब कह रहा हूँ तो लो यह पुस्तक , इसमें देखो और मुझे दिखाओ कि यीशु कब क्षमा नहीं कर रहा था ! इस दैवी त्रासदी को पढ़ो और मुझे बताओ कि वह कहाँ दया और करुणा के बगैर बोलता है! क्या यह उसके पहाड़ी उपदेश में था या यह अभागी वेश्या को दंड देनेवालों के आगे मंदिर में दिए गए उसके उपदेश में था ? क्या यह गुलगुता में था , जब उसने सलीब पर अपनी बाँहों को फैलाया था कि सारी मानवता को उसमें समेट ले ? तुम सब कठोर दिलवालों , उन गरीब कस्बों और गाँवों की तरफ देखो, जिनके घरों में बीमार लोग पीड़ा की सेजों पर दर्द में तड़पते हैं , जिनकी जेलों में अभागे लोग निराशा में अपने दिन काटते हैं ; जिनके दरवाजों पर भिखारी लोग भीख माँगते हैं , जिसकी कब्रगाहों में विधवा और अनाथ रोते हैं । लेकिन तुम यहाँ आलस व निकम्मेपन और आराम में जी रहे हो और खेतों की उपज का और दाखलता की शराब का मजा ले रहे हो ! तुम बीमारों और कैदियों का हाल -चाल

पूछने नहीं जाते , न ही तुम भूखे को खाना खिलाते या परदेसी को पनाह देते हो और न ही शोक करनेवाले को तसल्ली देते हो । काश, तुम उसी में संतुष्ट रहते , जो तुम्हारे पास है और जो तुमने हमारे पुरखों से लूटा है। तुम ऐसे अपने हाथ फैलाते हो जैसे साँप अपना फन फैलाता है। तुम विधवा से उसके हाथ की मजदूरी और किसान से उसकी बुढ़ापे के लिए बचाकर रखी गई पूँजी लूट लेते हो । "

युहन्ना साँस लेने को रुका । फिर उसने कहना शुरू किया । उसका सिर गर्व से तना था , जब उसने भद्र स्वर में कहा "तुम कई हो और मैं अकेला हूँ। जैसा चाहो , मेरे साथ करो। भेड़ रात के अँधेरे में भेड़ियों का शिकार हो सकती है; लेकिन जब तक सुबह नहीं होती और सूरज नहीं निकल आता , तब तक उसके खून के धब्बे घाटी के पत्थरों पर बने रहेंगे। "

युहन्ना ने ये शब्द कहे । उसकी आवाज में एक प्रेरित शक्ति थी , एक बल था , जिसने साधुओं को निश्चल कर दिया और उनमें क्रोध व कठोरता जागने लगी । वे अपने आक्रोश में काँपने लगे और पिंजरे में बंद व भूखे शेरों की तरह अपने दाँत पीसने लगे। वे इंतजार में थे कि उनका मुखिया एक इशारा करे और वे इस नौजवान को फाड़कर टुकड़े-टुकड़े कर दें ! जब तक युहन्ना ने बोलना बंद नहीं किया , वे इसी हालत में रहे ।

युहन्ना का खामोश होना वैसे ही था जैसे कि तूफान पेड़ की सबसे ऊँची डालियों पर मजबूत से मजबूत पौधों पर तबाही मचाने के बाद शांत हो जाता है । तब मठाधीश चिल्लाया , " इस कमबख्त पापी को पकड़ लो । इससे पुस्तक ले लो और इसे घसीटते हुए एक अँधेरी कोठरी में ले जाओ। जो परमेश्वर के चुने हुओं को कोसेंगे, उन्हें न तो यहाँ क्षमा मिलेगी और न ही परलोक में । "

साधु युहन्ना पर इस तरह टूट पड़े, जैसे शेर अपने शिकार पर टूट पड़ता है । उन्होंने उसकी मुकें बाँध दीं और उसे एक सँकरी कोठरी में ले गए । दरवाजा बंद करने से पहले उन्होंने लात - घूसों से उसकी जमकर धुनाई की ।

उस अँधेरी जगह में खड़ा था युहन्ना , वह विजेता, जिसे नसीब ने दुश्मन के हाथों में एक बंदी के रूप में दे दिया था । दीवार में बने एक छोटे से छेद से उसने बाहर सूरज की रोशनी में आराम करती घाटी को देखा । उसका चेहरा दमक गया । और उसकी आत्मा ने एक दैवी ख के आलिंगन का अहसास किया । एक मधुर शांति उस पर हावी हो गई । उस सँकरी कोठरी ने उसके जिस्म को भले ही कैद कर लिया था , लेकिन वे उसकी अंतरतम की भावनाओं को नहीं छू पाए थे । उनमें उसने यीशु

नासरी के साथ सुरक्षित होकर आराम किया। उत्पीड़न न्यायी शक्ति को आहत नहीं करता और न ही दमन उस व्यक्ति को नष्ट करता है, जो सत्य के पक्ष में होता है। सुकरात ने जहर को हँसते-हँसते पी लिया था। पौलुस पर पथराव हुआ तो वह आनंदित हो रहा था। जब हम छिपे विवेक या अंतरात्मा का विरोध करते हैं तो इससे हम आहत होते हैं। जब हम इसे धोखा देते हैं तो यह हमारा फैसला करता है।

युहन्ना की माँ और उसके पिता को पता चल गया कि उनके इकलौते बच्चे के साथ क्या हुआ है। उसकी माँ अपनी लाठी के सहारे चलती हुई मठ तक आई और मठाधीश के पैरों पर गिर पड़ी। वह रोने लगी। उसने मठाधीश के हाथों को चूमा और उससे विनती की कि वह उसके बेटे पर दया करे और उसके अज्ञान के लिए क्षमा कर दें। मठाधीश ने आसमान की ओर इस तरह आँखें उठाई जैसे वह तमाम दुनियावी बातों से ऊपर उठ चुका हो। उसने युहन्ना की माँ से कहा, " हम तेरे बेटे के मखौल को माफ कर सकते हैं और उसकी मूर्खता को बरदाश्त कर सकते हैं ; लेकिन मठ के पास पवित्र अधिकार हैं, जिनका हिसाब तो देना ही होगा। हम अपनी विनम्रता में मनुष्यों के अपराधों को क्षमा कर देते हैं , लेकिन महान् एलिशा न तो अपने दाख बगानों का अतिक्रमण करनेवालों को क्षमा करता है और न ही उनको, जो उसकी जमीन पर अपने पशुओं को चरने के लिए छोड़ देते हैं। "

माँ ने नजरें झुकाकर मठाधीश को देखा। उसके बूढ़े मुरझाए गालों पर आँसू बह रहे थे। फिर अपने गले से उसने चाँदी की एक हँसली उतारी और मठाधीश के हाथ में दे दी और कहा , " मेरे पास इस हँसली के सिवाय कुछ भी नहीं है, फादर! यह मेरी माँ की भेंट है, जो उसने मेरी शादी के बाद मुझे दी थी। शायद मठ इसे मेरे इकलौते बेटे के अपराध के पछतावे के तौर पर स्वीकार करे ! "

मठाधीश ने वह हँसली ले ली और अपने जेब में रख ली और माँ से कहा, जो अहसान और शुक्रगुजारी में उनके हाथ चूम रही थी , " हाय इस पीढ़ी पर , क्योंकि पुस्तक की आयतें। लटी हो गई हैं और बच्चों ने खट्टे अंगूर खा लिये हैं तथा पिताओं का मिजाज बिगड़ गया है। अब जाओ भली औरत और मूर्ख बेटे के लिए प्रार्थना करो कि परमेश्वर उसे ठीक कर दे और उसे उसकी बुद्धि लौटा दे। "

यहन्ना अपनी जेल से बाहर आ गया और अपने बछड़ों के आगे धीरे-धीरे चल दिया। उसकी बगल में उसकी माँ थी , जो लाठी का सहारा लेकर चल रही थी , अपनी उम्र के बोझ तले झुकी हुई थी। जब वह झोंपड़ी तक पहुँच गया तो उसने

बछड़ों को चरने के लिए छोड़ दिया और खिड़की के पास खामोशी से बैठ गया तथा दिन की ढलती रोशनी को देखने लगा।

थोड़ी देर बाद उसने सुना कि उसके पिता उसकी माँ के कानों में बहुत धीमे स्वर में ये शब्द कह रहे थे, "कितनी ही बार मैंने तुझसे कहा है कि हमारा बेटा दिमाग का कमजोर है, लेकिन तूने कभी मेरी बात नहीं मानी। अब तुम कभी मेरी बात नहीं काटोगी, क्योंकि उसकी हरकतों ने मेरी बातों को सही साबित कर दिया है। पूज्य फादर ने तुझसे आज जो कहा है, वह मैं तुझे बरसों से बोलता आ रहा हूँ।"

युहन्ना पश्चिम की ओर देखता रहा, जहाँ डूबते सूरज की किरणों ने घने बादलों को रँग दिया था।

ईस्टर का समय था और उपवास की जगह भोज ने ले ली थी। नए गिरजाघर की इमारत तैयार हो चुकी थी और यह प्रजा के मामूली घरों के बीच राजकुमार के महल की तरह बे शारी के मकानों से ऊँचा निकल रहा था, जिनके बीच यह खड़ा था। लोग खड़े होकर बिशप के आने का इंतजार कर रहे थे, जिन्हें उनके पवित्र स्थल का अर्पण करना था। जब उन्हें लगा कि बिशप के आने का समय नजदीक आ गया है तो वे कस्बे से जुलूस की शक्ल में निकले। बिशप ने प्रशंसा के गीते गाते युवकों और जाप करते पुरोहितों तथा घंटों - मजीरों की ध्वनि के साथ वहाँ प्रवेश किया। जब वह सुसज्जित काठी और चाँदी की लगाम से सजे अपने घोड़े से उतरे तो उन्हें सोने की कढ़ाईवाला एक पुरोहिती चोगा दिया गया और एक रत्नजटित मुकुट उनके सिर पर रखा गया। फिर उन्हें चतुर कारीगरी और कीमती पत्थरोंवाली विशेष छड़ी से नवाजा गया। उन्होंने पुरोहितों के साथ प्रार्थना जपते और गाते हुए गिरजाघर का चक्कर लगाया, जबकि उनके चारों तरफ अच्छी महकवाली सुगंध और कई मोमबत्तियों की लहकती लौ उठ रही थी।

उस समय युहन्ना चरवाहों और जमीन जोतनेवालों के साथ एक ऊँचे चबूतरे पर खड़ा उदास नजरों से यह नजारा देख रहा था। जब उसने एक तरफ तो रेशमी वस्त्रों, सोने के पात्रों, धूप पात्रों और महँगे चाँदी के दीपों और दूसरी तरफ इस उत्सव व अभिषेक के संस्कार के जश्न में मदद करने छोटे- छोटे गाँवों व टोलों से आए गरीब और अभागे लोगों की भीड़ को देखा तो पीड़ा एवं दु: ख के मारे उसके मुँह से एक कटु आह निकली। एक तरफ तो अपनी मखमल और साटिन में लदी सत्ता थी तो दूसरी तरफ फटे - चीथड़ों में लिपटी दीनता थी। यहाँ अपने गीतों और जापों के साथ धर्म को साकार करती दौलत और सत्ता थी तो वहाँ पुनरुत्थान में अपनी गोपनीय आत्मा में आनंदित होती एक विनीत और निर्धन कौम थी। वे

खामोशी में प्रार्थना कर रहे थे और आहें भर रहे थे, जो टूटे हुए दिलों की गहराई से निकलकर आकाश में तैर रही थीं और हवा के कानों में फुसफुसा रही थीं। यहाँ नेता और मुखिया थे, जिन्हें सत्ता ने साइप्रस के सदाबहार वृक्ष की जिंदगी की तरह जिंदगी दी थी। तो वहाँ वे किसान थे, जो समर्पण करते हैं , जिनका वजूद ऐसा जहाज है जिसका कप्तान मौत है, जिसकी पतवार लहरों ने तोड़ दी है और जिसके पाल हवाओं ने फाड़ दिए हैं , जो समुद्र के आक्रोश और तूफान के आतंक के बीच डूब व उतरा रहा है। यहाँ कठोर अत्याचार है तो वहाँ आँख मूंदकर आज्ञा का पालन है। कौन किसका जनक है ? क्या अत्याचार वह मजबूत वृक्ष है , जो नीची जमीन के सिवाय और कहीं नहीं उगता ? या समर्पण एक परित्यक्त खेत है, जिसमें काँटों के सिवाय और कुछ नहीं रहता?

युहन्ना इन्हीं दु: खद विचारों और यातनापूर्ण खयालों में खोया था। उसने अपने हाथ अपने सीने पर बाँध रखे थे मानो उसका गला उसकी साँस को रोक रहा था और डर यह था कि उसकी साँस को जाने का रास्ता देने के लिए उसके सीने को फाड़ा जा रहा था। इस तरह वह तब तक रहा जब तक समर्पण का संस्कार खत्म नहीं हो गया और लोग तितर-बितर होकर अपने - अपने रास्ते चले नहीं गए।

जल्दी ही उसे लगने लगा जैसे हवा में एक आत्मा थी , जो उससे आग्रह कर रही थी कि उठो और मेरे नाम से बोलो और भीड़ में एक शक्ति थी , जो उसे प्रेरित कर रही थी कि वह आकाश व धरती के आगे एक उपदेशक बनकर आए।

वह चबूतरे के छोर पर आया और अपनी आँखें उठाकर उसने आकाश की ओर अपने हाथ से एक निशान बनाया। उसने कानों और आँखों को ध्यान देने के लिए बाध्य कर देनेवाली आवाज में कहा " देख यीशु नासरी, जो ऊपर रोशनी के घेरे में बैठा है, स्वर्ग के नीले कंगूरे के पार से नीचे धरती पर देख , जिसके तत्त्वों को कल तू एक लबादे की तरह पहनने था। देख हे विश्वासी काश्तकार ! क्योंकि झाड़ियों के काँटों ने उन फूलों का गला घोंट दिया है, जिनका बीज तेरे माथे के पसीने से तुरंत जीवंत हो गया था। देख हे अच्छे चरवाहे ! क्योंकि जिस दुर्बल मेमने को तू अपने कंधे पर उठाए घूमता था , उसे जंगली जानवरों ने फाड़कर टुकड़े- टुकड़े कर दिया है। तेरा निर्दोष लहू धरती ने सोख लिया है और तेरे गरम आँसू मनुष्यों के दिलों में सूख गए हैं। तेरी साँस की उष्णता मरुस्थली हवाओं में निखर गई है। तेरे चरणों से पवित्र यह खेत एक रणभूमि बन गया है , जहाँ ताकतवरों के पाँव उपेक्षितों की पसलियों को रौंदते हैं , जहाँ आततायी के हाथ कमजोरों की आत्मा को कुचलते हैं , प्रताड़ित लोग अँधेरे से गुहार लगाते हैं और जो लोग तेरे नाम से

सिंहासनों पर बैठे हैं, उन्हें उनकी गुहार नहीं सुनाई देती। और न ही प्रवचन मंचों से तेरे वचनों का उपदेश देनेवाले दुखियों का रोना सुनते हैं। जिस मेमने को तूने जीवन के स्वामी की खातिर भेजा था, वह एक बेकाबू जानवर हो गया है, जो तेरी बाँहों में सिमटे मेमने की बगलों को फाड़कर टुकड़े-टुकड़े किए दे रहा है। जिस जीवन के वचन को तू परमेश्वर के हृदय से यहाँ लेकर आया था, वह पुस्तकों के पन्नों में छिपा और अप्रकट है और उसकी जगह एक भयंकर चिल्लाहट है, जो हर दिल में भय व आतंक भर रही है। इन लोगों ने हे यीशु! तेरे नाम की महिमा में मंदिर व उपासना गृह बना लिये हैं और उन्हें बुने हुए रेशम और पिघलाए हुए सोने से सजाया है।

उन्होंने तेरे चुने हुए गरीब लोगों के जिस्मों को डंडी गलियों में निर्वस्त्र छोड़ दिया है। फिर भी वे अगर और मोमबत्तियों का धुआँ हवा में भर रहे हैं। जो लोग तेरी ईश्वरीय छवि में विश्वास करते हैं, उन लोगों की रोटी उन्होंने लूट ली है। हालाँकि हवा में उनके भजन और स्तुति गीत गूँज रहे हैं। फिर भी, उन्हें न तो अनाथ का रोना सुनाई देता है और न ही विधवा का विलाप! इसलिए हे यीशु! तू दूसरी बार आ और धर्म के नाम पर व्यापार करनेवालों को मंदिर से खदेड़कर बाहर कर दे; क्योंकि इसे उन्होंने अपनी चालाकी और धूर्तता से साँपों का घोंसला बना दिया है। आ और इन कैंसरों से हिसाब कर, जिन्होंने। कमजोरों से वह सब ले लिया है, जो उनका और परमेश्वर का है। उस दाखलता को देख, जिसे तूने अपने दाहिने हाथ से रोपा था। इसकी शाखाओं को कीड़ों ने खा लिया है और उसके अंगूर राहगीरों के पाँवों तले कुचले जाते हैं। उनके बारे में सोच, जिन्हें तूने शांति का आदेश दिया था। देख, वे किस तरह बँट गए हैं और आपस में ही झगड़ रहे हैं! हमारी परेशान आत्माओं और सताए हुए हृदयों को उन्होंने अपना शिकार बना लिया है। अपने पर्वों और पवित्र दिनों में वे आवाज ऊँची करके स्वर्गीय परमेश्वर की महिमा, पृथ्वी पर शांति और सभी मनुष्यों को आनंद की बात कहते हैं। क्या जब भ्रष्ट होंठ और झूठी जबानें तेरे स्वर्गीय पिता का नाम लेती हैं तो क्या उसकी महिमा होती है? जब दु:ख की संतानें ताकतवरों को खिलाने और अत्याचारी का पेट भरने के लिए खेतों में जी-तोड़ मेहनत करते और सूरज की रोशनी में अपनी शक्ति को निचुड़ते देखते हैं तो क्या धरती पर शांति होती है? जब उपेक्षित लोग अपनी आहत आँखों से मौत को ऐसे देखते हैं जैसे पराभूत लोग अपने मुक्तिदाता को, तब क्या मनुष्यों में आनंद होता है? शांति क्या है, भले यीशु? क्या यह ठंडे अँधेरे घरों में भूखी माँओं की छाती से चिपटे शिशुओं की आँखों में होती है? या उन जरूरतमंदों के जिस्मों में, जो अपने पत्थरों की सेजों पर सोते और उस भोजन की

कामना करते हैं , जो उन्हें तो नहीं मिलता, किंतु पुरोहितों के हाथों उनके मोटे सुअरों को फेंक दिया जाता है ? आनंद क्या होता है, हे यीशु? क्या यह तब होता है, जब एक राजकुमार आदमियों की शक्ति को और औरतों की इज्जत को चाँदी के चंद टुकड़ों में खरीद सकता है ? क्या यह उन खामोश लोगों में होता है , जो शरीर और आत्मा में उस किसी भी शख्स के गुलाम हो जाते हैं , जो अपने रत्नों और अपनी अँगूठियों में जड़े कीमती पत्थरों और रेशमी पोशाकों की चमक से उन्हें चकाचौंध कर लेता है ? क्या आनंद उन दबे व कुचले हुओं की चीखों में होता है, जब अत्याचारी तलवार लेकर उन पर टूट पड़ते हैं और अपने घोड़ों की टापों के नीचे उनकी औरतों व बच्चों के शरीरों को कुचल देते हैं और उनका खून धरती को पिलाते हैं ?

अपना सशक्त हाथ आगे बढ़ा हे यीशु! और हमें बचा, क्योंकि आततायी का हाथ हम पर भारी पड़ रहा है। या हमारे लिए मौत भेज दे, ताकि वह हमें कब्र में ले जाए , जहाँ हम दूसरे आगमन की प्रतीक्षा में तेरी सलीब में सुरक्षित , शांति से सोएँगे ; क्योंकि सच में हमारा जीवन कुछ भी नहीं , बस अँधेरा है, जिसमें दुष्टात्मा रहते हैं और एक घाटी है , जिसमें साँप और परदार सर्प (ड्रैगन) खेलते हैं। हमारे दिन धार लगाई तलवारों के सिवाय और क्या हैं , जिन्हें रात हमारे बिस्तर की चादरों के बीच छिपा देती है और मोर का प्रकाश उजागर कर देता है, जब यह हमारे सिरों पर उस समय हमेशा लटकी रहती है , जब वजूद का प्रेम हमें खेत में ले जाता है ? हे यीशु! दया कर उन लोगों पर, जो पुनरुत्थान के इस दिन तेरे नाम से एकजुट हुए हैं। उनकी दुर्बलता और विनम्रता पर करुणा कर । " इस तरह लोगों से घिरे हुए युहन्ना ने परमेश्वर से बात की। कुछ लोग तो खुश हुए और उन्होंने उनकी प्रशंसा की ; कुछ अन्य क्रोधित हो गए और उन्होंने उसे अपशब्द कहे । एक आदमी ने चिल्लाकर कहा, " वह ठीक कह रहा है और वह परमेश्वर के सामने हमारे लिए बात कर रहा है , क्योंकि हम सताए हुए हैं। "

किसी और ने कहा, " वह सताया हुआ है और एक दुष्टात्मा की जबान में बोलता है। " उसने कहा , " हमने अपने पुरखों से कभी ऐसी मूर्खता की बात नहीं सुनी और न ही हम अब सुनना चाहते हैं। "

एक और आदमी ने अपनी बगल के आदमी के कान में धीरे से कहा, " उसके बोलने की आवाज से मुझे अपने भीतर एक भयानक हलचल महसूस हुई, जिससे मेरा दिल ही काँप गया ; क्योंकि वह एक अजीब ताकत से बोल रहा था। "

उसके दोस्त ने जवाब दिया , "यह तो है, लेकिन हमारे अगुए इन मामलों में हमसे ज्यादा जानते हैं। उन पर शक करना गलत है।"

जब चारों तरफ से आवाजें आने लगीं और समुद्र के गर्जन में बदल गईं और बिखरकर आकाश में लुप्त हो गईं तो एक पुरोहित वहाँ आया। उसने युहन्ना को पकड़ लिया और उसे पुलिस के हवाले कर दिया। वे उसे पकड़कर गवर्नर (शासक) के घर ले गए।

जब उन्होंने उससे सवाल पूछे तो उसने जवाब में एक शब्द भी नहीं कहा; क्योंकि उसे याद था कि यीशु भी अपने उत्पीड़कों के आगे खामोश रहा था। इसलिए उन्होंने उसे अँधेरे कारावास में फेंक दिया और वहाँ वह पत्थर की दीवार से टिककर शांति से सो गया। दूसरे दिन सुबह युहन्ना के पिता गवर्नर के सामने अपने बेटे के पागलपन की तसदीक करने आए।

" स्वामी ," पिता ने कहा, " अकसर ही मैंने उसे अकेले में बड़बड़ाते और ऐसी अजीब चीजों के बारे में बातें करते सुना है, जिनका कोई वजूद ही नहीं है। कई - कई रात वह खामोशी में अजीब लफ्जों में बोलता रहा है और अँधेरे के सायों को ऐसी भयंकर आवाज में पुकारता रहा है जैसे जादू-टोना करनेवाले मंत्र पढ़ रहे हों। उन लड़कों से पूछे , जो उसके साथ बैठा करते थे; क्योंकि उन्हें पता है कि कैसे उसका दिमाग दूसरी दुनिया की तरफ खिंचा हुआ था। जब वे उससे बात करते तो वह बहुत कम ही जवाब देता था और जब वह बोलता भी था तो उसकी बातें गड़बड़ होती थीं और उनकी बातचीत से उसका कोई लेना - देना नहीं होता था। उसकी माँ से पूछे , क्योंकि औरों से ज्यादा तो उसे ही उसकी बदहवासी की। जानकारी थी। अकसर ही उसने अपने बेटे को आसमान में ताकते व घूरते हुए देखा है और उसे बड़े जोश में पेड़ एवं झरनों और फूलों और सितारों के बारे में बोलता सुना है , जैसे बच्चे जरा-जरा सी चीजों के बारे में अंड -बंड बकते हैं। मठ के साधुओं से पूछे , जिनके साथ कल उसने बहस की , उनकी पाकीजगी का मजाक बनाया और उनकी पाकीजाजिंदगी की हँसी उड़ाई है। वह पागल है स्वामी, लेकिन अपनी माँ और मेरे साथ वह दयालु है। हमारे बुढ़ापे वह हमें सहारा दे रहा है और अपना पसीना बहाकर हमारी जरूरतों को पूरा करता है। हमारे ऊपर रहम करके उस पर तरस खाएँ और हमारी खातिर उसकी बेवकूफी को माफ कर दें। "

युहन्ना को छोड़ दिया गया और उसके पागलपन की कहानी बाहर फैल गई। जवान लोग खिल्ली उड़ाते हुए उसकी बातें करते। लेकिन कन्याएँ उदास आँखों से उसकी ओर देखतीं और कहती थीं , " आदमियों में जो कुछ अजीब होता है, उसमें

से ज्यादातर के लिए तो परमेश्वर जिम्मेदार है। ऐसे ही इस जवान में खूबसूरती के साथ पागलपन है और उसकी खूबसूरत आँखों की रोशनी उसकी बीमार आत्मा के साथ जुड़ी है।"।

चरागाहों और ऊँचाइयों के बीच युहन्ना अपने फूलों व पौधों के वस्त्र पहने अपने बछड़ों के पास बैठा था, जो इनसानों की तनातनी और खींचतान से निकलकर अच्छे चरागाहों में भाग आए थे और आँसुओं से धुंधलाई आँखों से उसने घाटी के कंधों पर छितराए गाँवों एवं टोलों की तरफ देखा और गहरी साँस लेते हुए ये शब्द दोहराए " तुम कई हो और मैं अकेला हूँ। जैसा चाहो, मेरे बारे में कहो और जैसा चाहो, मेरे साथ करो। भेड़ रात के अंधेरे में भेड़ियों का शिकार हो सकती है, लेकिन जब तक सुबह नहीं होती और सूरज नहीं निकल आता, तब तक उसके खून के धब्बे घाटी के पत्थरों पर बने रहेंगे। "

विधवा और उसका पुत्र

उत्तरी लेबनान पर रात घिर आई थी और बर्फ कदीशा घाटी से घिरे गाँवों को ढंक रही थी तथा खेत व घास के मैदान उसकी वजह से एक बहुत बड़े पन्ने सरीखेदिख रहे थे, जिन पर कुपित प्रकृति अपने ढेरों कारनामे दर्ज कर रही थी। लोग बाहर से घरों को आ रहे थे और खामोशी रात को अपनी आगोश में ले रही थी।

उन गाँवों के पास एक अकेले घर में एक औरत रहती थी , जो अपने आतिशदान के पास बैठी ऊन कात रही थी । उसके पास ही उसका इकलौता बच्चा था , जो कभी आग को तो कभी अपनी माँ को देख रहा था।

एक भयंकर गर्जन ने घर को हिलाकर रख दिया और बच्चा डर गया । वह माँ के प्यार में प्रकृति से सुरक्षा पाने की कोशिश में बाँहें फैलाकर अपनी माँ से लिपट गया । माँ ने उसे छाती से लगाकर चूम लिया , फिर उसने बच्चे को अपनी गोद में बैठा लिया और कहा, "डरो मत मेरे बेटे, क्योंकि कुदरत तो बस अपनी जबरदस्त ताकत का मुकाबला इनसान की कमजोरी से कर रही है। इस गिरती बर्फ व भारी बादलों और बहती हवा के पार एक परमात्मा है और वह धरती को जानता है ; क्योंकि उसी ने इसे बनाया है और वह दयावान आँखों से कमजोरों की निगरानी करता है।

"हिम्मतवाले बनो, मेरे बच्चे ! कुदरत वसंत में मुसकराती और गरमियों में हँसती और पतझड़ में जम्हाई लेती है; लेकिन इस समय वह रो रही है और अपने आँसुओं से वह धरती के नीचेछिपी जिंदगी को खींचती है।

" सो जाओ मेरे प्यारे बच्चे, तुम्हारे पिता अनंत से हमें देख रहे हैं । बर्फ और गड़गड़ाहट इस समय हमें उनके और भी करीब ला रहे हैं।

" सो जाओ मेरे अजीज , क्योंकि यह सफेद कबल, जो हमें ठंड लगाता है वही चीजों को गरम रखता है और जब नीसान (का महीना) आएगा तो ये जंग जैसी चीजें ही खूबसूरत फूल पैदा करेंगी।

" इस तरह मेरे बच्चे , इनसान भी दु: ख भरी और चीजों को खोलनेवाली जुदाई तथा कठोर धीरज और हताशा भरी मुश्किलों के बाद ही प्यार की फसल को काट

सकता है। सो जाओ मेरे नन्हे बच्चे, मीठे सपने तुम्हारी आत्मा को ढूँढ़ लेंगे, जो रात के डरावने अँधेरे और भीषण पाले से नहीं डरता।"

नन्हे बच्चे ने नींद से बोझिल आँखों से अपनी माँ को देखा और कहा, "माँ, मेरी आँखें मूंद रही हैं, लेकिन मैं दुआ किए बगैर नहीं सो सकता।"

औरत ने उसकी फरिश्ते जैसी सूरत को देखा, धुंधलाई आँखों से उसे साफ नहीं दिखाई दिया। उसने कहा, "मेरे साथ-साथ बोलो! मेरे बच्चे, हे परमेश्वर गरीबों पर रहम कर और उन्हें सर्दी से बचा। उनके कम कपड़े में ढंके शरीरों को अपने दयालु हाथों से गरम कर; उन अनाथों पर निगाह रख, जो लाचार हैं और अपने बच्चों के लिए डर से काँप रहे हैं। हे प्रभु! सभी इनसानों के दिलों को खोल दे, ताकि वे कमजोरों की बदहाली को, उनके दु:खों को देख सकें। उन परेशान हाल लोगों पर रहम कर, जो दरवाजों पर दस्तक देते है और राहगीरों को गरम जगहों में पहुँचा। हे प्रभु! नन्ही चिड़ियों की निगरानी कर, दरख्तों और खेतों को तूफान के कोप से बचा; क्योंकि तू दयावान और प्रेम करनेवाला है।"

नींद ने जब बच्चे की आत्मा को अपने बस में कर लिया तो उसकी माँ ने उसे बिस्तर में लिटा या और काँपते होंठों से उसकी आँखों को चूम लिया। फिर वह वापस जाकर आग के पास बैठ गई और उसके कपड़े बनाने के लिए ऊन कातने लगी।

मृत्यु में जीवन

रात के स्याह पंखों ने शहर को अपने आगोश में ले लिया था , जिस पर प्रकृति ने बर्फ की एक निर्मल और सफेद चादर फैला दी थी । लोग गरमाहट की तलाश में गलियाँ छोड़ अपने - अपने घरों को जा रहे थे। उधर उत्तरी हवा बगीचों को उजाड़ने की फिराक में थी।

वहाँ कस्बे में एक पुरानी झोंपड़ी थी , जिस पर भारी बर्फ जमा थी और वह गिरने के कगार पर थी । उस झोंपड़ी के अँधेरे कोने में एक बदहाल बिस्तर था , जिस पर एक जवान लेटा था । वह मर रहा था । वह अपने चिराग की मद्धिम रोशनी को देखे जा रहा था , जो अंदर आती हवाओं में लुपलुप कर रही थी । वह जीवन के वसंत में था और पहले ही देख पा रहा था कि जीवन के चंगुल से खुद को छुड़ाने की वह शांत घड़ी तेजी से निकट आ रही थी । वह बड़े कृतज्ञ भाव से मृत्यु के आगमन की प्रतीक्षा कर रहा था । उसके पीले चेहरे पर आशा की भोर और उसके होंठों पर एक उदास मुसकान और उसकी आँखों में क्षमा दिखाई दे रही थी ।

वह एक कवि था , जो जिंदा रईसों के शहर में भूख से मर रहा था । उसे इस भौतिक जगत् में इसलिए लाया गया , ताकि वह अपने सुंदर और गंभीर शब्दों से लोगों के हृदय को जगाए।

वह एक नेक बंदा था ,जिसे समझ की देवी ने इसलिए भेजा था कि वह इनसान को तसल्ली दे और उसके स्वभाव को कोमल करे। लेकिन अफसोस ! उसने उदासीन धरती को खुशी खुशी अलविदा कह दिया और उसके बेगाने बाशिंदों से उसे एक मुसकान भी नहीं मिली।

वह अपनी आखिरी साँसें ले रहा था और उसके पास कोई भी नहीं था । अगर कोई था तो उसका इकलौता साथी उसका चिराग और कुछ पन्ने , जिन पर उसने अपने हृदय की भावनाएँ लिख रखी थीं । अपनी डूबती शक्ति को बटोरते हुए उसने अपने हाथ आसमान की ओर उठाए । अपनी आँखों को उसने निराशा में चलाया , मानो बादलों के परदे के पीछे से सितारों को देखने के लिए छत को भेदना चाहता हो ।

उसने कहा, " आओ हे सुंदर मृत्यु ! मेरी आत्मा तुम्हारे लिए तरस रही है । मेरे निकट आओ और जीवन की बेड़ियों को काट दो , क्योंकि मैं उन्हें घसीट -

घसीटकर थक चुका हूँ। आओ हे प्यारी मृत्यु ! और मुक्त करो मुझे मेरे पड़ोसियों से , जो मुझे इसलिए एक अजनबी की तरह देखते रहे, क्योंकि मैं उन्हें देवदूतों की भाषा समझाता हूँ। जल्दी करो हे शांत मृत्यु ! और मुझे इन लोगों से दूर ले चलो , जिन्होंने मुझे इसलिए गुमनामी के अँधेरे कोने में छोड़ दिया , क्योंकि मैं उनकी तरह कमजोरों का खून नहीं बहाता। आओ हे सहृदय मृत्यु ! और मुझे अपने उजले पंखों में समेट लो , क्योंकि मेरे साथियों को मेरी जरूरत नहीं है। मुझे अपने आगोश में ले लो , हे मृत्यु ! प्रेम और दया से परिपूर्ण अपने होंठों को मेरे होंठों का स्पर्श करने दो , जिन्होंने कभी माँ के चुंबन का स्वाद नहीं चखा , न बहन के गालों को छुआ और न ही प्रेमिका की उँगलियों के पोरों को सहलाया। आओ और मुझे ले जाओ, मेरी प्रिय मृत्यु! ”

तब मरते कवि के बिस्तर के पास देवदूती प्रकट हुई, जिसका सौंदर्य अलौकिक व दिव्य था और वह अपने हाथ में कुम्दनी का पुष्प - चक्र लिये थी। उसने कवि को गले लगाया और उसकी आँखों को बंद कर दिया , ताकि वह अब और न देख पाए और यदि देखे तो बस अपनी आत्मा की आँख से। उसने एक गहरा और लंबा और धीरे से समेटा हुआ चुंबन जड़ा , जिससे कवि के होंठों पर तृप्ति की एक अनंत मुसकान आ गई। फिर झोंपड़ी खाली हो गई। और सिवाय पन्नों व कागजों के कुछ नहीं रह गया , जिन्हें कवि ने कटु हताशा में इधर-उधर बिखेर रखा था।

सैकड़ों साल बाद जब उस शहर के लोग अज्ञान की मनहूस नींद से उठे और उन्होंने ज्ञान का सवेरा देखा तो उन्होंने शहर के सबसे खूबसूरत बाग में एक स्मारक बनाया और उस कवि के सम्मान में हर साल भोज का आयोजन करने लगे , जिसकी रचनाओं ने उन्हें मुक्ति दिलाई थी। हाय, कितना कूरर होता है मनुष्य का अज्ञान !

दो शिशु

एक राजकुमार अपने महल के छज्जे पर खड़ा विशाल भीड़ को संबोधित कर रहा था , जिसे उसने खास इस मौके के लिए बुलाया था । उसने उनसे कहा , " मैं तुम्हें और इस समूचे भाग्यशाली देश को एक नए राजकुमार के जन्म की बधाई देना चाहता हूँ, जो मेरे श्रेष्ठ कुल का नाम चलाएगा और जिस पर तुम लोगों को मुनासिब तौर पर गर्व होगा। वह एक महान् और प्रसिद्ध वंश का नया वाहक है और उस पर इस राज्य का उज्ज्वल भविष्य निर्भर करता है। आओ और आनंद मनाओ!"

भीड़ की आनंद और शुक्रगुजारी से भरी आवाजें आनंदित करनेवाले गीत में आसमान में गूंज गईं। वे स्वागत कर रहे थे उस नए अत्याचारी का , जो दमन का जुआ उनकी गरदनों पर रखेगा और कमजोरों पर कठोरता से राज करेगा तथा उनके जिस्मों का शोषण करेगा एवं उनकी आत्माओं को मार देगा । उस नियति के लिए लोग नए अमीर (शासक) की सलामती मनाते हुए बेहद खुशी में गा रहे थे और पी रहे थे।

उसी समय एक और बच्चे ने जीवन में और उस राज्य में प्रवेश किया । जब भीड़ ताकतवर का महिमा -मंडन कर रही थी तथा एक संभावी अत्याचारी की प्रशंसा के गीत गा रही थी और जब स्वर्गदूत लोगों की कमजोरी व गुलामी के स्वभाव पर आँसू बहा रहे थे, तब एक बीमार औरत सोच रही थी । वह एक पुरानी उजाड़ झोंपड़ी में रहती थी और फटे - चीथड़ों में लिपटे अपने नवजात शिशु के बगल में अपने कठोर बिस्तर पर लेटी भूख से मर रही थी ।

वह एक निर्धन और अभागी जवान पत्नी थी , जो इनसान की उपेक्षा की शिकार थी । उसका पति मौत के फंदे में फँस गया था , जो राजकुमार के अत्याचार ने बिछाया था । वह अपने पीछे एक अकेली औरत छोड़ गया था , जिसके पास परमेश्वर ने उस रात एक नन्हे साथी को भेजा था , ताकि उसे काम करने और निर्वाह करने से रोके ।

जब भीड़ चली गई और उस जगह फिर से खामोशी हो गई तो उस अभागी ने शिशु को अपनी गोद में लिया और उसकी सूरत को निहारने लगी और रोने लगी , जैसे आँसुओं से ही उसका बपतिस्मा (नामकरण संस्कार) कर देगी ।

भूख से कमजोर आवाज में उसने बच्चे से कहा, "तुमने आत्मिक दुनिया को क्यों छोड़ दिया और क्यों मेरे साथ उस सांसारिक जीवन की कड़वाहट झेलने आ गए ? तुमने देवदूतों और विराट् आकाश को क्यों त्याग दिया और क्यों इनसानों की इस अभागी दुनिया में आ गए हो , जो पीड़ा, अत्याचार और निर्दयता से भरी है ? मेरे पास तुम्हें पहनाने को एक भी रेशमी कपड़े नहीं हैं। क्या मेरी नंगी, काँपती बाँहें तुम्हें गरमी दे पाएँगी ? नन्हे पशु चरागाह में चरते और अपने बाड़ों में सुरक्षित लौट जाते हैं और छोटे - छोटे पक्षी दाना चुगते शाखाओं के बीच शांति से सो जाते हैं। लेकिन तुम , मेरे प्यारे बच्चे , तुम्हारे पास एक प्यारी तंगहाल माँ के सिवाय कुछ भी नहीं है। "

फिर उसने शिशु को अपनी भूखी छाती से लगाया और उसे अपनी बाँहों में इस तरह समेट लिया जैसे दोनों शरीरों को पहले की तरह एक करना चाहती हो। उसने अपनी जलती आँखों को धीरे- धीरे आसमान की तरफ उठाया और बोली , "परमेश्वर! मेरे अभागे देशवासियों पर रहम कर! "

उस पल बादल चाँद के आगे से हट गए और उसकी किरणें उस गरीब घर की शहतीर को चीरती हुई दो मुरदा जिस्मों पर पड़ीं।

शेर की पुत्री

चार गुलाम खड़े हुए एक बूढ़ी रानी को पंखा कर रहे थे, जो अपने सिंहासन पर सोई हुई थी। वह खर्राटे ले रही थी। रानी की गोद में एक बिल्ली लेटी थी। वह घुर - घुर करती और अलसाई - सी गुलामों को देखे जा रही थी।

पहला गुलाम बोला, "कितनी भद्दी दिखती है यह औरत नींद में! देखो, इसका मुँह कैसे लटका हुआ है और यह साँस तो ऐसे लेती है जैसे शैतान इसका गला दबा रहा है!"

तब बिल्ली ने घुरघुराते हुए कहा, "सोते समय यह उसकी आधी भी भद्दी नहीं होती, जितने तुम अपनी जगी अवस्था की गुलामी में होते हो।"

और दूसरे गुलाम ने कहा, "तुम सोचोगे कि नींद उसकी झुर्रियों को गहरा करने के बजाय उन्हें सपाट कर देगी! वह जरूर किसी बुरी चीज का सपना देख रही होगी!"

और बिल्ली घुरघुराई, "काश, तुम भी सो पाते और अपनी आजादी के सपने देखते!" और तीसरे गुलाम ने कहा, "शायद वह उन सबका जुलूस देख रही है, जिनका उसने कत्ल किया है।"

और बिल्ली घुरघुराई, "हाँ, वह तुम्हारे पूर्वजों और तुम्हारे वंशजों का जुलूस देख रही है।"

और चौथे गुलाम ने कहा, "उसके बारे में बात करना बिलकुल ठीक तो है, लेकिन इससे खड़े होने और पंखा झलने की मेरी थकान तो कम नहीं होती!"

और बिल्ली घुरघुराई, "तुम अनंत काल तक पंखा झलते रहोगे, क्योंकि जैसा धरती पर है वैसा ही स्वर्ग में भी है।"

तभी बूढ़ी रानी ने नींद में अपना सिर हिलाया और उसका मुकुट फर्श पर गिर पड़ा।

एक गुलाम ने कहा, "यह तो खराब शकुन है"।

बिल्ली घुरघुराई, "एक का खराब शकुन दूसरे का अच्छा शकुन होता है।"

दूसरे गुलाम ने कहा, " क्या होगा , अगर रानी जाग गई और उसे मुकुट गिरा मिला ? वह सच में ही हमें मार डालेगी। "

बिल्ली घुरघुराई, "तुम्हारे जन्म के बाद से वह रोज ही तुम्हें मारती आई है और तुम्हें इसका पता ही नहीं है। "

तीसरे गुलाम ने कहा, " हाँ, वह हमारा वध कर देगी और इसे देवताओं की बलि बता देगी।"

बिल्ली घुरघुराई, "केवल एक गुलाम ही गिरे हुए मुकुट को वापस उसकी जगह रखता है।"

थोड़ी देर बाद वह बूढ़ी रानी जाग गई और इधर -उधर देखकर उसने जम्हाई ली। फिर उसने कहा, "मुझे लगता है , मैं सपना देख रही थी और मैंने देखा कि बलूत के एक प्राचीन वृक्ष के गिर्द एक बिच्छू चार बिल्लियों का पीछा कर रहा है। मुझे अपना यह सपना अच्छा नहीं लगा । "

फिर उसने अपनी आँखें बंद कर लीं और दोबारा सो गई। वह खर्राटे भरने लगी और वे चार गुलाम उसे पंखा झलते रहे।

बिल्ली घुरघुराई, " झलते रहो पंखा, झलते रहो, मूर्खों! तुम उसी आग को हवा दे रहे हो , जो तुम्हें जलाकर राख कर देती है। "

शांति

पड़ की डालों को मरोड़ने और खेत में खड़ी अनाज की फसल को बुरी तरह से झकझोरने के बाद तूफान शांत हो गया। सितारे ऐसे लग रहे थे जैसे बिजली के टूटे हुए बचे- खुचे टुकड़े हों ! लेकिन अब चारों तरफ शांति थी , मानो प्रकृति की जंग कभी लड़ी ही नहीं गई थी ।

उस पल एक युवती अपने कमरे में दाखिल हुई और अपने पलंग के पास घुटनों के बल बैठकर फूट - फूटकर रोने लगी। उसका दिल पीड़ा से जल रहा था । आखिरकार उसने अपने होंठ खोले और कहा, " हे प्रभु! उन्हें सुरक्षित मेरे पास घर ले आ । मेरे आँसू सूख चुके हैं और मैं अब और आँसू नहीं बहा सकती। हे प्रभु ! प्रेमी और दयालु प्रभु , मेरा धैर्य चुक गया है और क्लेश मेरे दिल पर हावी होने की कोशिश कर रहा है। उन्हें जंग के फौलादी पंजों से बचा। उन्हें ऐसी बेरहम मौत से छुटकारा दे, क्योंकि वे ताकतवरों के अधिकार में हैं और कमजोर हैं। हे प्रभु! मेरे प्रिय को बचा, जो तेरे अपने पुत्र हैं ! उन्हें उनके दुश्मन से बचा, जो तेरा भी दुश्मन है । उन्हें मौत के दरवाजे की तरफ जबरन धकेलते रास्ते से अलग रख; उन्हें मुझसे मिलने दे या आकर मुझे उनके पास ले जा । ”

तभी चुपचाप एक जवान अंदर आया। वह उसके पास आया और उसका हाथ पकड़कर उस पर अपने दहकते होंठ रख दिए । बीते दु: ख व मिलन की खुशी और उसकी प्रतिक्रिया की अनिश्चितता में डूबी आवाज में वह बोला , “मुझसे डरो मत , क्योंकि शांति मुझे सुरक्षित तुम्हारे पास ले आई है और लालच ने हमसे जो छीनने की कोशिश की थी , उसे इनसानियत ने हमें लौटा दिया है। उदास मत हो , बल्कि मुसकराओ, मेरी प्रिय ! हैरानी मत जताओ , क्योंकि प्यार में वह ताकत है , जो मौत को भगा देती है । वह सम्मोहन है, जो शत्रु को जीत लेता है । मैं वही तुम्हारा हूँ। यह मत सोचो कि मैं तुम्हारे सौंदर्य के घर में आने के लिए मौत के मकान से निकला कोई प्रेत हूँ।

"डरो मत , क्योंकि अब मैं सत्य हूँ, जो तलवारों और आग से इसलिए बच निकला हूँ, ताकि लोगों को युद्ध पर प्रेम की जीत के बारे में बताऊँ। मैं सुख व शांति के नाटक की भूमिका बाँचता शब्द हूँ। "

फिर वह युवक चुप हो गया और उसके आँसू हृदय की भाषा बोलने लगे। आनंद के देवदूत उस घर पर मँडराने लगे और दो दिल फिर वैसे ही एक हो गए जैसे वे पहले थे और यह सुख उनसे छीन लिया गया था।

भोर की वेला में दोनों खेत के बीच में खड़े प्रकृति की सुंदरता को निहार रहे थे, जिसे तूफ़ान ने आहत कर दिया था। एक गहरी व सुखद खामोशी के बाद सैनिक ने पूर्व की ओर देखा और अपनी प्रियतमा से कहा, "अँधेरे को देखो, जिसकी कोख से सूरज निकल रहा है!"

दुलहन की सेज

दूल्हा- दुलहन मंदिर से निकले । उनके आगे मोमबत्ती लिये कुछ लोग खड़े थे तो उनके पीछे परोहित और दोस्त थे। साथ में जवान लड़कियाँ व लड़के थे, जो उनकी बगल में गाते हुए चल रहे थे और सुंदर व सुखद तरानों से आसमान गुंजा रहे थे ।

जुलूस की शक्ल में ये सब जब दूल्हे के घर पहुँचे तो नवविवाहित जोड़ा बड़े से कमरे में ऊँची कुर्सियों पर बैठ गया। जश्न मनानेवाले रेशमी गद्दियों और मखमली दीवानों पर जम गए। यह सिलसिला चलता रहा और इस तरह वह जगह हितैषियों की भीड़ से ठसाठस भर गई । नौकरों ने मेजें लगा दीं और जश्न मनानेवालों ने दूल्हा - दुलहन की सेहत के नाम पर पीना शुरू कर दिया । उधर बाजेवाले तारदार बाजों से लोगों के मन को राहत पहुँचा रहे थे। डफलियों की आवाज के साथ - साथ प्यालों के खनकने व लड़खड़ाने की आवाज सुनाई दे रही थी । लड़कियों ने संगीत की मधुर धुनों पर अपने लचीले अंगों को लहराना और खूबसूरती से नाचना शुरू कर दिया , जबकि देखनेवाले खुशी- खुशी देख रहे थे और शराब पर शराब पिए जा रहे थे।

कुछ ही घंटों में मस्त और खुशनुमा शादी के जश्न का यह नजारा पियक्कड़पन की भद्दी अश्लीलता में बदल गया । इधर एक जवान लड़का अपने दिल की सारी भावना को उड़ेले दे रहा है और अपने क्षणिक संदिग्ध प्रेम को एक आकर्षक लड़की के आगे जता रहा है तो उधर एक और जवान एक औरत से बात करने की कोशिश में है और वह जो खूबसूरती अपनी बात में लाना चाहता है वह उसकी शराब में लड़खड़ाती जबान के कारण आ नहीं पा रही है । जब -तब आपको किसी बूढ़े शख्स का बाजेवालों से यह गुजारिश करना सुनाई दे जाता है कि वे एक खास गाने को बार -बार बजाएँ , जो उसे उसके जवानी के दिनों की याद दिलाता है । इस झंड में एक औरत एक आदमी से झूठ - मूठ के प्यार का दिखावा कर रही है, जब कि वह आदमी एक दूसरी ही औरत को कामुक नजर से ताके जा रहा है। उस कोने में सफेद बालोंवाली एक औरत अपने इकलौते बेटे के लिए एक बीवी छाँटने की कोशिश में मुसकराकर लड़कियों को देख रही है। खिड़की के पास खड़ी एक शादीशुदा औरत इस मौके का फायदा उठाते हुए अपने प्रेमी के साथ प्लान बना

रही है, जबकि उसका पति शराब में मस्त है। ऐसा लग रहा था कि सभी लोग वर्तमान के फल तोड़ रहे थे और अतीत व भविष्य को भूल रहे थे।

यह सब हो रहा था और खूबसूरत दुलहन उन्हें दु: खी आँखों से देख रही थी। वह खुद को किसी जेल के फौलादी सीखचों के पीछे अभागे कैदी - सा महसूस कर रही थी और रह रहकर कमरे के पार एक नौजवान को देख रही थी, जो झुंड से बिछड़े एक घायल पंछी की तरह अकेला और खामोश बैठा था। उसके हाथ उसके सीने पर थे, मानो वह अपने दिल को फटने से रोकने की कोशिश कर रहा था। वह कमरे के आसमान में किसी अदृश्य चीज को ताक रहा था और अँधेरे की दुनिया में पूरी तरह से खोया लग रहा था।

आधी रात हो गई और भीड़ की मस्ती और भी बढ़ गई और करते - करते उसने बेलगाम पागलपन का रूप ले लिया ; क्योंकि मन आजाद थे और जबानों पर कोई अंकुश नहीं था उम्रदराज दूल्हा पहले ही नशे में चूर हो चुका था और दुलहन को उसके हाल पर छोड़कर मेहमानों के बीच घूमने लगा था। वह जश्न मनानेवालों के साथ पीकर अपने नशे की आग को और भड़का रहा था।

दुलहन का इशारा पाकर एक लड़की आई और उसकी बगल में बैठ गई। तब दुलहन ने घूमकर चारों तरफ देखा और फिर लड़खड़ाती आवाज में बहुत धीमे से कहा, "मैं तुमसे भीख माँगती हूँ, मेरी सखी! मैं हमारी दोस्ती के और इस दुनिया में तुम्हें जो कुछ भी प्यारा है, उसके नाम पर तुमसे गुजारिश करती हूँ कि तुम इसी समय सलीम के पास जाओ और उससे कहो कि वह मुझे बाग में सरपत के पेड़ के नीचेमिले। सोसन, उससे मेरी तरफ से इल्तिजा करना और कहना कि मेरी गुजारिश कबूल करे। उसे हमारे बीते दिनों की याद दिलाना और कहना कि अगर मैं उससे नहीं मिली तो मैं मर जाऊँगी। उससे कहना कि मुझे हर हाल में उससे अपने गुनाहों को कबूलना है और उससे माफी माँगनी है। उससे कहना कि मैं अपने दिल के सारे राज उसके सामने खोलना चाहती हूँ। जल्दी करो, और डरना हीं।"

सोसन ने दुलहन के संदेश को ईमानदारी से पहुँचा दिया।

सलीम ने उसे ऐसे देखा जैसे कोई प्यासा किसी दूर के झरने को देखता है। उसने शांति से कहा, " मैं बाग में सरपत के पेड़ के नीचे उसका इंतजार करूँगा। " वह वहाँ से निकल गया।

कुछ ही मिनट बाद दुलहन उसके पीछे-पीछेमौज -मस्ती करते पियक्कड़ों के बीच छिपते छिपाते वहाँ चली गई । बाग में पहुँचकर दुलहन ने इस तरह पीछे मुड़कर देखा , जैसे भेड़िये से भागता हिरन । वह तेजी से सरपत के उस पेड़ की ओर चल पड़ी, जहाँ वह नौजवान इंतजार कर रहा था । जब वह उसके पास पहुँची तो उससे लिपट गई और आँखों में आँसू भरकर बोली , " मेरे महबूब , मेरी बात सुनो । मुझे अफसोस है कि मैंने जल्दबाजी में और बिना सोचे- समझे यह किया । मैं बहुत पछताई हूँ, यहाँ तक कि मेरा दिल दु: ख से चूर है। मैं तुम्हें प्यार करती हूँ और किसी और से प्यार नहीं करती । मैं तुमसे मरते दम तक प्यार करती रहूँगी। उन्होंने मुझसे झूठ बोला और कहा कि तुम किसी और से प्यार करते हो ।

नजीबी ने मुझे धोखा दिया । उसने कहा कि तुम उससे प्यार करने लगे हो । यह उसने इसलिए किया , ताकि मैं उसके रिश्ते के भाई से शादी कर लूँ, जैसाकि उसके खानदान ने मुझे बहुत पहले से ही सोचकर रखा था। अब मैं शादीशुदा हूँ , लेकिन मैं बस तुमसे प्यार करती हूँ और तुम ही मेरेदुल्हे हो । अब जबकि मेरी आँखों से परदा हट चुका है और सच नजदीक है तो मैं यहाँ आई हूँ , ताकि आखिरी दम तक तुम्हारे पीछे चलूँ। मैं उस आदमी के पास कभी वापस नहीं जाऊँगी, जिसे झूठ और दकियानूसी रिवाज ने मेरा पति चुना है ।

चलो, जल्दी करो मेरे महबूब । आओ, हम रात की सुरक्षा में यहाँ से निकल जाएँ। चलो, हम समुद्र किनारे चलें और जहाज पकड़कर किसी दूसरे देश चले जाएँ, जहाँ हम बेफ्रिक होकर रहेंगे । चलो, अभी चल दें , ताकि जब सवेरा हो तो हम दुश्मन की पकड़ से बाहर हों । मेरे पास इतने गहने हैं कि हमारी बाकी जिंदगी के लिए काफी होंगे। तुम बोलते क्यों नहीं हो , सलीम ? तुम मेरी तरफ देखते क्यों नहीं ? तुम मुझे चूमते क्यों नहीं? क्या तुम मेरी रूह का रोना और मेरे दिल का चीखना सुन रहे हो ? बोलो, हम जल्दी से इस जगह से निकल चलें ।

जो पल हम गँवा रहे हैं, वे हीरों से ज्यादा कीमती और राजाओं के मुकुटों से ज्यादा महँगे उसकी आवाज जिंदगी की फुसफुसाहट से ज्यादा सुकून देनेवाली और मौत की कराह से पीड़ा भरी और लहरों के संदेश से भी गहरी थी । यह आशा और निराशा से , आनंद और पीड़ा से , सुख और दुःख से ,जिंदगी की जरूरत और मौत की चाहत से लरजती आवाज थी ।

नौजवान सुन रहा था , लेकिन उसके भीतर प्यार और इज्जत की लड़ाई चल रही थी । इज्जत , जो आत्मा से टकराव रखती और प्यार , जिसे परमेश्वर इनसान के दिल में जगह देता है । काफी देर खामोश रहने के बाद नौजवान ने अपना सिर

उठाया और अपनी आँखें दुलहन की तरफ से उठा लीं , जो चिंता से काँप रही थी। उसने शांति से उसका विरोध किया , "अपने नसीब पर लौट जाओ।"

इन शब्दों को सुनकर वह ऐसे काँपने लगी जैसे तूफ़ान के आगे एक मुरझाता फूल । उसने दर्द भरी आवाज में कहा, "मैं अब उस घर में कभी नहीं जाऊँगी, जिसे मैं हमेशा के लिए छोड़ आई हूँ। मैं अब उस कैदी की तरह महसूस कर रही हूँ, जो अपने देश -निकाले पर निकल लिया है। मुझे अपने आपसे यह कहकर दूर मत करो कि मैंने तुम्हें धोखा दिया। जिन हाथों ने तुम्हारे और मेरे दिल को जोड़ा है , वे अमीर के और पुरोहित के उन हाथों से ज्यादा मजबूत हैं , जिन्होंने मेरे जिस्म को मेरे घिनौने दूल्हे के हवाले कर दिया। कोई ताकत तुम्हें मुझसे जुदा नहीं कर सकती, क्योंकि यह परमेश्वर की मरजी है और बस वही इसे बदल सकता है।"

बेरुखी जताते हुए और अपने आपको उसकी बाँहों की पकड़ से छुड़ाने की कोशिश करते हुए सलीम ने पलटकर कहा , "चली जाओ मेरे पास से ! मैं किसी और को शिद्दत से प्यार करता हूँ। मैं भूल चुका हूँ कि तुम इस दुनिया में हो भी। नजीबी ने तुमसे सच कहा था कि मैं उससे प्यार करता हूँ। अपने पति के पास लौट जाओ, ऐसा कानून कहता है और उसकी वफादार बीवी बनो।"

दुलहन ने बेतहाशा विरोध किया। उसने कहा, "नहीं , नहीं ! मैं तुम्हारी बातों का विश्वास नहीं करती , सलीम ! मैं जानती हूँ कि तुम मुझसे प्यार करते हो और मैं इसे तुम्हारी आँखों में देख सकती हूँ। तुम्हारी नजदीकी में मुझे तुम्हारे प्यार का अहसास होता है। जब तक।

मेरा दिल धड़क रहा है, मैं तुम्हें छोड़कर अपने पति के घर नहीं जाऊँगी। मैं यहाँ इसलिए आई हूँ कि दुनिया के अंत तक मैं तुम्हारे पीछे चलूँगी। आगे चलो या अभी , इसी समय मेरा खून बहा दो और मेरी जान ले लो।"

पहले जैसी ही आवाज में सलीम ने जवाब दिया , "छोड़ दो मुझे, नहीं तो मैं चिल्ला दूँगा और लोगों को इस बाग में इकट्ठा कर लूँगा और तुम्हें परमेश्वर व इनसान के सामने। बेइज्जत कर दूँगा तथा अपनी महबूबा नजीबी को यह मौका दूँगा कि वह तुम पर हँसे और अपनी जीत पर घमंड करे।"

जब सलीम अपने आपको उसकी बाँहों की गिरफ्त से छुड़ाने की कोशिश करने लगा तो वह एक आशावान , दयालु और गिड़गिड़ाती औरत से एक भयानक शेरनी में तब्दील हो गई , जिसे उसके बच्चों से जुदा कर दिया गया था । वह चिल्लाकर बोली , "कोई भी अब कभी मुझे जीत नहीं पाएगा और मेरे प्यार को भी

अब कभी मुझसे छीन नहीं पाएगा। ” इतना कहकर उसने अपने शादी के जोड़े से एक खंजर निकाला और बिजली जैसी फती से।

नौजवान के सीने में घोंप दिया। वह तूफान से टूटी एक कोमल डाल की तरह जमीन पर गिर पड़ा तथा वह हाथ में खून सना खंजर लिये उसके ऊपर झुक आई।

नौजवान ने आँखें खोलीं और काँपते होंठों से लड़खड़ाती जबान में कहा, “ अब आओमेरी महबूबा , लैला! तुमने मुझे जिंदगी के कष्ट से बचा लिया है। मुझे उस हाथ को चूमने दो , जिसने जंजीरों को तोड़ दिया और मुझे आजाद कर दिया। मुझे चूमो और मुझे माफ कर दो , क्योंकि मैं तुम्हारे साथ सच्चा नहीं रहा ।

“ अपने खून से सने हाथ मेरे डूबते दिल पर रखो और जब मेरी आत्मा ऊपर विराट आसमान को जाती है तो खंजर को मेरे दाहिने हाथ में दे देना और कहना कि मैंने खुद अपनी जान ले ली । ” वह साँस लेने के लिए रुका और बहुत धीमे स्वर में बोला , “मैं तुम्हें प्यार करता हूँ लैला , और मैंने कभी किसी और से प्यार नहीं किया । खुद का बलिदान तुम्हारे साथ भागने से ज्यादा नेक काम है । मुझे चूमो , ओह मेरी महबूबा , मेरी जानेमन’ उसने अपना हाथ अपने घायल सीने पर रखा और अपनी आखिरी साँस ली ।

दुलहन ने घर की तरफ देखा और घोर पीड़ा में चीखी। “ अपनी मदहोशी से बाहर आओ, क्योंकि शादी तो यहाँ है! दूल्हा- दुलहन तुम्हारा इंतजार कर रहे हैं। आओ, आकर हमारी मुलायम सेज देखो , पागलों और पियक्कड़ों , जल्दी से बाहर आओ, ताकि हम तुम्हारे आगे प्यार , मौत और जिंदगी की सच्चाई खोलकर रख सकें ।"

उसकी उन्मादी आवाज घर के कोने - कोने में पहुँची और मेहमानों के कानों में गूंज गई। मानो बेखुदी में वे दरवाजे तक खिंचे चले आए और बाहर निकलकर चारों तरफ देखने लगे । जब वे दर्दनाक खूबसूरती के नजारे के पास पहुँचे और उन्होंने दुलहन को सलीम की लाश पर रोते देखा तो वे डर के मारे पीछे हट गए और किसी की पास जाने की हिम्मत नहीं हुई। ऐसा लग रहा था मानो नौजवान के सीने से निकलती खून की धार और दुलहन के हाथ में लगे खंजर ने उन्हें सम्मोहित कर दिया है! दुलहन ने उनकी तरफ देखा और फूट फूटकर रोने लगी और उसने कहा , “ आओ कायरो, मौत के भूत से मत डरो, जिसका बड़प्पन तुम्हारे ओछेपन के पास फटकेगा भी नहीं, उस खंजर से मत डरो , क्योंकि यह तो एक दैवी औजार है, जो तुम्हारे गंदे जिस्मों और खाली दिलों को नहीं छुएगा। इस खूबसूरत नौजवान को देखो, यह मेरा महबूब है। इसे मैंने इसलिए मार दिया ,

क्योंकि मैं इसे बेहद प्यार करती थी। यह मेरा दूल्हा है और मैं इसकी दुलहन हूँ। हमने इस दुनिया में हमारे प्यार के लायक एक सेज चाही थी, जिसे तुमने अपनी नासमझी और रिवायजों से इतना छोटा कर दिया है। लेकिन हमने यह सेज चुनी। वह दुष्ट औरत कहाँ है, जिसने मेरे महबूब की बुराई की और यह सब कह दिया कि वह उससे प्यार करता है? कहाँ है वह, जो मान बैठी थी कि उसने मुझे जीत लिया है? वह नजीबी, वह नरक की नागिन कहाँ है, जिसने मुझे धोखा दिया? वह औरत कहाँ है जिसने तुम्हें यहाँ इकट्ठा किया कि तुम मेरे महबूब की विदाई का जश्न मनाओ, उस आदमी की शादी का नहीं, जिसे उसने मेरे लिए चुना था?

मेरी बातें तुम्हारे लिए अबूझ हैं, क्योंकि अथाह रसातल सितारों के गीत को नहीं समझ सकता। तुम अपने बच्चों को बताओगे कि मैंने अपने महबूब को शादी की रात मार डाला।

मेरा नाम तुम्हारे गंदे होंठों पर होगा और तुम इसे निंदा में कहोगे, लेकिन तुम्हारे बच्चों के बच्चे मेरी तारीफ करेंगे; क्योंकि आनेवाला कल सच्चाई और रूह की आजादी के लिए होगा।

और तुम मेरे नासमझ पति, जिसने मेरे जिस्म को खरीदा, पर मेरे प्यार को नहीं, तुम जो मेरे मालिक हो, पर कभी मुझे हासिल नहीं कर पाओगे, तुम इस अभागी कौम के नुमाइंदे हो, जो हार और कंगन तक पहुँचने के लिए गले और हाथ काटती है। मैं अब तुम्हें माफ करती हूँ, क्योंकि खुश और विदा होती रूह लोगों के गुनाह को माफ कर देती है।"

फिर दुलहन ने अपना खंजर आसमान की तरफ उठाया और पानी का गिलास अपने होंठों तक लाते एक प्यासे की तरह वह उसे नीचे लाई और अपने सीने में घोंप लिया। वह अपने महबूब की बगल में एक कुमुदिनी की तरह गिर पड़ी, जिसका फूल एक तेज धारदार हँसिए से काट दिया गया था। औरतों ने इस भयानक दृश्य को देखा और वे डर के मारे चीख पड़ीं।

उनमें से कुछ तो बेहोश हो गईं और आदमियों की चीख-पुकार ने आसमान गुंजा दिया। वे शर्म में डूबे और इज्जत के साथ उन दोनों की तरफ गए तो मरती हई दुलहन ने उनकी तरफ देखा। दुलहन के शरीर से खून बह रहा था और इस हालत में भी उसने कहा, "हमसे दूर रहो और हमारे जिस्मों को अलग मत करो; क्योंकि अगर तुमने यह गुनाह किया तो तुम्हारे सिरों पर मँडराती आत्मा तुम्हें पकड़ लेगी और तुम्हारी जान ले लेगी। इस भूखी धरती को हमारे जिस्मों को निगल लेने दो।

इसे हमें इस तरह से बचाकर रखने दो , जैसे यह वसंत के आने तक बीजों को बर्फ से बचाकर रखती है और शुद्ध जीवन व जागृति को बहाल करती वह अपने प्रेमी के पास आई। उसने उसके ठंडे होंठों पर अपने होंठ रख दिए और अपने अंतिम शब्द कहे, " देखो , तुम जो हमेशा मेरे हो , हमारे दोस्तों की तरफ देखो। डाह। करनेवाले कैसे हमारी सेज के पास इकट्ठे हो रहे हैं ! उनके दाँतों का किटकिटाना और उँगलियों का चटकना सुनो ! तुमने एक अरसे तक मेरा इंतजार किया सलीम , और अब मैं यहाँ हूँ , क्योंकि मैंने जंजीरों और बेड़ियों को तोड़ दिया है। आओ, हम सूरज की तरफ चलें ; क्योंकि हम बेहद लंबे समय से इस तंग अँधेरी दुनिया में इंतजार कर रहे हैं। सारी चीजें मेरी नजरों से ओझल हो रही हैं और मैं सिवाय तुम्हारे कुछ भी नहीं देख पा रही। मेरे महबूब , ये रहे मेरे होंठ , मेरी सबसे बड़ी दुनियावी अमानत , मेरी आखिरी साँस को कबूल करो। आओ सलीम, अब हम चलें ! प्यार ने अपने पंख उठा दिए हैं और वह बड़ी रोशनी में ऊपर चला गया है। " उसने नौजवान के सीने पर अपना सिर रख दिया और उसकी शून्य आँखें अब भी खुली थीं और उसे ही ताक रही थीं।

वहाँ खामोशी छा गई, मानो मौत की गरिमा ने लोगों की ताकत चुरा ली थी और उन्हें हिलने - डुलने से रोक दिया था। तब शादी की रस्म अदा करनेवाला पुरोहित आगे आया और उसने मृत्यु के आगोश में लेटे उस जोड़े की तरफ अपनी तर्जनी से इशारा करते हुए चिल्लाकर कहा, " लानत है उन हाथों पर , जो खून सनी इन लाशों को छूते हैं , जो गुनाह में भीगी हैं। और लानत है उन आँखों पर , जो बंद रूहों पर दु: ख के आँसू बहाती हैं। सदोम (शहर) के पुत्र का और अमोना (शहर) की पुत्री का अभिशाप इस गलीज जगह में तब तक बना रहे, जब तक जानवर उनका मांस न खा जाएँ और हवा उनकी हड्डियों को बिखेर न दे।

अपने घरों को वापस जाओ और इन पापियों की गंदगी से दूर भाग जाओ। अब , इससे पहले कि नरक की आग तुम्हें जला दे, यहाँ से निकल जाओ। जो यहाँ रहेगा, उसे चर्च से निकाल दिया जाएगा और वह फिर कभी मंदिर में दाखिल नहीं होगा तथा ईसाइयों के साथ परमेश्वर की इबादत में भी शामिल नहीं होगा। "

तभी दुलहन और उसके प्रेमी के बीच आखिरी संदेशवाहक का काम करनेवाली सोसन हिम्मत करके आगे आई और पुरोहित के सामने खड़ी हो गई। उसने आँसुओं में डूबी आँखों से पुरोहित को देखा और कहा, "मैं यहीं रहूँगी बेरहम काफिर , और सवेरा होने तक इनकी हिफाजत करूँगी। मैं इन झूलती शाखाओं के नीचे उनके लिए कब्र खोदूँगी और उन्हें उनके अंतिम सांसारिक चुंबन के बाग में दफन

करूँगी। इस जगह को फौरन छोड़ दो , क्योंकि सुअरों को अगरबत्ती की सुगंध अच्छी नहीं लगती तथा चोरों को घर के मालिक से और सूर्योदय की रोशनी होने से डर लगता है। जल्दी से अपने गुमनाम बिस्तरों में पहुँच जाओ, क्योंकि देवदूतों के भजन तुम्हारे कानों में नहीं घुसेंगे ; क्योंकि उन्हें तो बेरहम और निकम्मे नियमों की सीमेंट ने बंद कर दिया है। "

भीड़ कठोर चेहरेवाले पुरोहित के साथ धीरे- धीरे वहाँ से चल दी , लेकिन सोसन वहीं रुकी रही। वह लैला और सलीम की ऐसे रखवाली कर रही थी जैसे एक प्यारी माँ रात की खामोशी में अपने बच्चों की निगरानी करती है। जब भीड़ चली गई तो वह नीचे बैठ गई और देवदूतों के साथ रोने लगी ।

कल, आज और कल

मने अपने मित्र से कहा, "तुम उसे उस आदमी की बाँह का सहारा लिए देख रहे हो। अभी कल की बात है कि वह इस तरह मेरी बाँह का सहारा लिए थी।"

मेरे मित्र ने कहा, " और कल वह मेरी बाँह का सहारा लिए होगी।"

मैंने कहा, "उसे देखो, कैसे उससे सटकर बैठी है ! अभी कल ही मुझसे सटकर बैठी थी।"

मैंने कहा, " उसे देखो, वह उसके प्याले से शराब पी रही है और कल वह मेरे प्याले से पी रही थी।"

उसने कहा, " कल मेरे प्याले से।"

फिर मैंने कहा , " देखो , वह उसे कैसे प्यार से समर्पण भाव से देख रही है ! कल वह इस तरह मुझे देख रही थी।"

मेरे मित्र ने कहा, "कल वह मुझे ऐसे देखेगी।"

मैंने कहा, " क्या तुम नहीं सुन रहे कि इस समय वह उसके कानो में प्यार के ये नगमे गुनगुना रही है ? अभी कल ही तो प्यार के ये नगमे वह मेरे कानो में गुनगुना रही थी।"

मेरे मित्र ने कहा, " और कल वह यही नगमे मेरे कानो में गुनगुनाएगी।"

मैंने कहा, " अरे देखो, वह उसे सीने से लगा रही है। कल ही तो वह मुझे सीने से लगा रही थी।"

मेरे मित्र ने कहा, "कल वह मुझे गले लगाएगी।"

तब मैं बोला , " क्या अजीब औरत है।"

लेकिन मेरे मित्र ने जवाब दिया , " वह ज़िन्दगी कि तरह है, जो सभी पुरुषों के पास होती है और मौत की तरह वह सभी पुरुषों को जीतती है और अनंत कल की तरह वह सभी पुरुषों को गले लगाती है।"